2024年度版

コンプライアンス・
オフ

銀行コース

試験問題集

JN051648

一般社団法人 金融財政事情研究会

◇はじめに◇

　本書は、金融業務能力検定「コンプライアンス・オフィサー・銀行コース」の受験生の学習の利便を図るためにまとめた試験対策問題集です。

　本書の構成は5章からなり、各テーマ別に過去の検定試験で出題された問題を中心に、数多くの問題とその解説を掲載しています。金融機関においては、より公正・透明な金融機関経営のため、多様化・複雑化する各種のリスクに対応できるよう、営業店におけるコンプライアンスの徹底が求められています。

　営業店の現場では、日々の業務の遂行にあたり、コンプライアンスが問われるさまざまな問題に直面します。したがって、本書においても、法令等の知識の習得度の判定に資することはもとより、営業店の現場で起こりうる事例をもとにした出題を中心に、判断力・応用力を身につけることに重点を置いた実践的な問題を豊富に掲載し、試験に向けて効率的な学習ができるようまとめています。

　なお、「もっと詳しく学びたい」という方につきましては、基本教材である通信教育「事例で学ぶ営業店コンプライアンス実践講座」で学習されることをお勧めします。

　本書を有効に活用して、「コンプライアンス・オフィサー・銀行コース」試験に合格され、日常の業務に活かされることを願ってやみません。

2024年3月

一般社団法人　金融財政事情研究会

検定センター

◇◇目　次◇◇

第2章　預金・為替業務

第3章　融資業務

第4章　証券・その他の業務

第5章　金融機関経営

―― 〈法令基準日〉――――――――――――――――――
本書は、問題文に特に指示のない限り、2024年4月1日（基準日）現在施行の法令等に基づいて編集しています。

◇ **CBT とは**◇
CBT（Computer-Based Testing）とは、コンピュータを使用して実施する試験の総称で、パソコンに表示された試験問題にマウスやキーボードを使って解答します。金融業務能力検定は、一般社団法人金融財政事情研究会が、株式会社シー・ビー・ティ・ソリューションズの試験システムを利用して実施する試験です。CBT は、受験日時・テストセンター（受験会場）を受験者自らが指定できるとともに、試験終了後、その場で試験結果（合否）を知ることができるなどの特長があります。

本書に訂正等がある場合には、下記ウェブサイトに掲載いたします。
https://www.kinzai.jp/seigo/

─〈凡　例〉─

・改正金融サービス提供法…金融サービスの提供及び利用環境の整備等に
　関する法律
・個人情報保護法…個人情報の保護に関する法律
・出資法…出資の受入れ、預り金及び金利等の取締りに関する法律
・信託兼営法…金融機関の信託業務の兼営等に関する法律
・男女雇用機会均等法…雇用の分野における男女の均等な機会及び待遇の
　確保等に関する法律
・動産・債権譲渡特例法…動産及び債権の譲渡の対抗要件に関する民法の
　特例等に関する法律
・独占禁止法…私的独占の禁止及び公正取引の確保に関する法律
・番号利用法…行政手続における特定の個人を識別するための番号の利用
　等に関する法律
・犯罪収益移転防止法…犯罪による収益の移転防止に関する法律
・振り込め詐欺救済法…犯罪利用預金口座等に係る資金による被害回復分
　配金の支払等に関する法律
・預金者保護法…偽造カード等及び盗難カード等を用いて行われる不正な
　機械式預貯金払戻し等からの預貯金者の保護等に関する法律
・労働者派遣法…労働者派遣事業の適正な運営の確保及び派遣労働者の保
　護等に関する法律
・金商業等府令…金融商品取引業等に関する内閣府令
・内部統制府令…財務計算に関する書類その他の情報の適正性を確保する
　ための体制に関する内閣府令
・金融ADR制度…金融分野における裁判外紛争解決制度

〈**判 例**〉

（最二小判昭45.4.10民集24巻4号240頁）
 　A　　　B　　　　C

A…裁判所と裁判の種類を示す。

　最…最高裁判所（「最大」は最高裁判所大法廷、「最二小」は最高裁判所
　　　第二小法廷を示す）

　高…高等裁判所

　大…大審院

　判…判決

　決…決定

B…裁判(言渡)年月日を示す。

C…登載誌およびその登載箇所を示す。

　民録…大審院民事判決録

　民集…最高裁判所(大審院)民事判例集

　金法…金融法務事情

「コンプライアンス・オフィサー・銀行コース」試験概要

　営業店のコンプライアンス担当者として求められる法令等の知識、実務への対応力を検証します。

■受験日・受験予約	通年実施。受験者ご自身が予約した日時・テストセンター（https://cbt-s.com/examinee/testcenter/）で受験していただきます。
	受験予約は受験希望日の3日前まで可能ですが、テストセンターにより予約可能な状況は異なります。
■試験の対象者	銀行等金融機関の営業店の管理職、コンプライアンス担当者等　※受験資格は特にありません
■試験の範囲	1．金融機関業務共通（反社会的勢力への対応、守秘義務、職場環境の確保等）　2．預金・為替業務（マネー・ローンダリング、預金者保護法等）　3．融資業務（不適切な融資・回収、独占禁止法等）　4．証券・その他の業務（インサイダー取引規制、投資信託等に係る勧誘規制等）　5．金融機関経営（コーポレート・ガバナンス等）
■試験時間	100分　試験開始前に操作方法等の案内があります。
■出題形式	四答択一式50問
■合格基準	100点満点で70点以上
■受験手数料（税込）	5,500円
■法令基準日	問題文に特に指示のない限り、2024年4月1日現在施行の法令等に基づくものとします。
■合格発表	試験終了後、その場で合否に係るスコアレポートが手交されます。合格者は、試験日の翌日以降、「コンプライアンス・オフィサー」の認定証をマイページからPDF形式で出力できます。
■持込み品	携帯電話、筆記用具、計算機、参考書および六法等を含め、自席（パソコンブース）への私物の持込みは認められていません。テストセンターに設置されている鍵付きのロッカー等に保管していただきます。メモ用紙・筆記用具はテストセンターで貸し出されます。計算問題については、試験画面上に表示される電卓を利用することができます。
■受験教材等	・本書
	・通信教育講座「事例で学ぶ営業店コンプライアンス実践講座」（一般社団法人金融財政事情研究会）

■受験申込の変更・ キャンセル	受験申込の変更・キャンセルは、受験日の3日前まで マイページより行うことができます。受験日の2日前 からは、受験申込の変更・キャンセルはいっさいでき ません。
■受験可能期間	受験可能期間は、受験申込日の3日後から当初受験申 込日の1年後までとなります。受験可能期間中に受験 （またはキャンセル）しないと、欠席となります。

※金融業務能力検定・サステナビリティ検定の最新情報は、一般社団法人金融財政事情研究
　会のWebサイト（https://www.kinzai.or.jp/kentei/news-kentei）でご確認ください。

第1章

金融機関業務共通

1-1　全国銀行協会の行動憲章①

《問》全国銀行協会の行動憲章に関する次の記述のうち、最も不適切なものはどれか。

1) 銀行をはじめとする金融機関においては、持続可能な社会の実現と社会的課題の解決に資する資金供給等の金融面でのサポートが期待されている。

2) 銀行は、ステークホルダーの声を受け止める努力を通じて、厳しい意見なども参考にしつつ、自らをさまざまな角度から客観的に見つめ直し、経営の健全性確保や金融サービスの質的向上に向け、たゆまぬ努力を重ねていかなければならない。

3) 銀行は、物品・サービスの購入やシステムの発注等にあたっては、公正な市場ルールと適正な商慣習に従って誠実に取引を行う必要があるが、仕入先との関係における公正性と透明性を確保することで足り、仕入先におけるコンプライアンス、環境基準等に関心を払うことまでは求められていない。

4) 銀行は、投融資先を含めた気候変動・環境リスクを管理し、自らの健全性を維持するとともにステークホルダーの期待にも応えていく必要がある。国内外の多様な関係者との対話に努めることで、サステナブルな環境・社会の構築に向けた取組みや課題への理解を深め、連携・協力して取り組む必要がある。

・解説と解答・

1) 適切である。銀行は、このような環境変化に積極的に対応し、それぞれが創意と工夫を活かして、多様化するお客さまのニーズに適合した質の高い金融サービスを提供していくことにより、お客さまの利便の向上を図り、満足を獲得していかなければならない。あわせて、持続可能な社会の実現と社会的課題の解決に資する金融サービスの提供にも積極的に取り組むよう努めなければならない。こうした取組みに当たっては、関係者との連携によるオープンイノベーションや多様なステークホルダーとの協働についても配意することが求められている（全国銀行協会行動憲章2.(2)）。

2) 適切である（全国銀行協会行動憲章4.(2)）。

3) 不適切である。銀行は、物品・サービスの購入やシステムの発注等にあ

たっては、公正な市場ルールと適正な商慣習に従って誠実に取引を行い、仕入先との関係において公正性と透明性を確保しなければならないとされ、その際に、経済合理性のみならず、仕入先におけるコンプライアンス、環境基準などにも関心を払うよう努めなければならないとされている（全国銀行協会行動憲章3.(5)）。

4）適切である（全国銀行協会行動憲章8.(2)）。

<u>正解　3）</u>

1－2　全国銀行協会の行動憲章②

《問》全国銀行協会が定める行動憲章に関する次の記述のうち、最も適切なものはどれか。

1）銀行は、重い公共的使命が付託されているものの、株主や従業員等のステークホルダーの利益を守るため、私企業としての存在目的を優先しなければならない。

2）銀行が社会貢献活動を行ううえで、地方公共団体との連携は効果があるといえるが、NPO・NGOや地域社会のボランティア団体などとの連携は効果が期待できないため、これらの団体との協働は行う必要はない。

3）銀行は、自らの活動を通じて人権に影響を与える可能性を認識し、人権侵害の発生を未然に防止するための仕組みと手続を整備し、継続的に見直すとともに、万一人権侵害が発生した場合には、速やかにその是正と再発防止に努めなければならない。

4）銀行の経営者は、コンプライアンスの徹底を自らの責務と自覚したうえで、危機の発生を未然に防止する体制を整備するとともに、危機の実態や問題点を迅速に把握するシステムを確立する必要があるが、通常の指揮命令系統のなかに通報・相談窓口を整備すれば十分である。

・解説と解答・

1）不適切である。銀行は、広く預金を受入れ、企業・個人・公共部門等に対し必要な資金を供給すること等により、経済活動にとって不可欠な資金決済・仲介機能を発揮し、ひいては経済・社会の健全な発展に資するべき使命を負っている。銀行法1条においても、「銀行の業務の公共性にかんがみ、信用を維持し、預金者等の保護を確保するとともに金融の円滑を図るため、銀行の業務の健全かつ適切な運営を期し、もって国民経済の健全な発展に資することを目的とする」と規定されている。このように、銀行には、重い公共的使命が付託されており、私企業としての存在目的との高い次元での両立が求められる。（全国銀行協会行動憲章1.(1)）。

2）不適切である。社会貢献活動を行ううえで、NPO・NGOや地域社会のボランティア団体、行政、公的セクターなどのパートナーとの連携が効果的

であることから、課題に応じて解決に必要なパートナーと協働することに努めなければならない（全国銀行協会行動憲章9.(2)）。

3）適切である（全国銀行協会行動憲章5.(2)）。

4）不適切である。経営トップや幹部が危機の実態や問題点を迅速に把握できるシステムを確立する必要があり、このシステムの1つとして、通常の指揮命令系統から独立した通報・相談窓口を整備する必要がある（全国銀行協会行動憲章3.(3)）。

　　行動憲章は、①銀行の公共的使命、②質の高い金融サービスの提供、③法令やルールの厳格な遵守、④社会とのコミュニケーション、⑤人権の尊重、⑥多様な人材の活躍、健康・安全な職場、⑦人材育成への取組み、金融経済教育への貢献、⑧環境問題等への取組み、⑨社会参画と発展への貢献、⑩反社会的勢力との関係遮断、テロ等の脅威への対応、について規定されている。

正解　3）

1−3　反社会的勢力への対応①

《問》K銀行における反社会的勢力への対応に関する次の記述のうち、最も不適切なものはどれか。

1）反社会的勢力の捉え方として、暴力団、暴力団関係企業、特殊知能暴力集団等といった属性要件に着目するとともに、暴力的な要求行為、法的な責任を超えた不当な要求といった行為要件についても着目することとしている。

2）反社会的勢力に関する情報の収集・分析等に際しては、グループ内での情報の共有や業界団体等との情報の共有は個人情報保護法により禁止されているので、当該情報の遮断に留意することとしている。

3）反社会的勢力との取引解消に向けた総合的な取組みとして、平素から警察・暴力追放運動推進センター・弁護士等の外部専門機関と緊密に連携しつつ、預金保険機構による特定回収困難債権の買取制度の積極的な活用を検討することとしている。

4）反社会的勢力からの不当要求に対しては、あらゆる民事上の法的対抗手段を講ずるとともに、積極的に被害届を提出するなど、刑事事件化も躊躇しない対応を行うこととしている。

・解説と解答・

1）適切である（主要行等向けの総合的な監督指針Ⅲ−3−1−4−1（参考）②、中小・地域金融機関向けの総合的な監督指針Ⅱ−3−1−4−1（参考）②）。

2）不適切である。反社会的勢力による被害防止という利用目的のもと、あらかじめ本人の同意を得ずに反社会的勢力の個人情報を利用することは、個人情報保護法18条3項2号（「人の生命、身体又は財産の保護のために必要がある場合であって、本人の同意を得ることが困難であるとき」）により認められている。また、監督指針においては、「反社会的勢力に関する情報の収集・分析等に際しては、グループ内での情報の共有に努め、業界団体等から提供された情報を積極的に活用しているか」が着眼点として挙げられている（主要行等向けの総合的な監督指針Ⅲ−3−1−4−2(2)①、中小・地域金融機関向けの総合的な監督指針Ⅱ−3−1−4−2(2)

①）。

3）適切である（主要行等向けの総合的な監督指針Ⅲ—3—1—4—2(5)②、
中小・地域金融機関向けの総合的な監督指針Ⅱ—3—1—4—2(5)②）。

4）適切である（主要行等向けの総合的な監督指針Ⅲ—3—1—4—2(6)③、
中小・地域金融機関向けの総合的な監督指針Ⅱ—3—1—4—2(6)③）。

<u>正解　2）</u>

1－4 反社会的勢力への対応②

《問》K銀行P支店に対して、政治団体の役員を名乗るＡから、「融資の相談に際して、K銀行P支店の行員から誹謗的な発言を受け、精神的な苦痛を感じたので慰謝料を請求したい」として、面談要求があった。P支店では、Ａのクレームや要求の内容を明確にするため、P支店のコンプライアンス担当者と融資課長の２名でＡと面談することにしたところ、Ａが同行者２名を連れて来店することになった。この場合における対応等に関する次の記述のうち、最も適切なものはどれか。

1）現在、警察は、民事介入暴力に対して積極的に対応しているので、Ａが違法・不当な利益の提供を求めてくるおそれがあるような場合には、本部担当者と連携のうえ、P支店としても早い段階から警察に連絡して相談すべきである。
2）面談の際には複数名で対応するのであるから、面談時に録音・録画などの証拠保全を行う必要はない。
3）面談の際に、Ａと一緒に来店した２名は氏名を名乗らなかったが、Ａの氏名は判明していることから、その２名についてあえて氏名を聞き出す必要はない。
4）面談の際に、Ａから、「P支店の責任者である支店長の同席を求める」との申入れがあった場合、Ａの要求内容が支店長決裁で処理できる事項であるときは、支店長に直接拒絶してもらうことがK銀行として毅然とした態度を示すこととなるので、支店長を同席させるべきである。

・解説と解答・

1）適切である。
2）不適切である。たとえ複数名で対応するとしても、不法・違法な行為が発生した場合の証拠保全のためには録音・録画等を行うべきであり、面談の最初の時点で録音・録画する旨を通告することは相手方に対する牽制となるので、積極的に活用すべきである。
3）不適切である。面談の相手方を特定して、後日の法的手続に備えるためには、相手方の氏名を（最低限、姓だけでも）聞き出すべきである。

4) 不適切である。支店長が支店長決裁事項に関して相手方と直接面談することは、決裁権者を相手方の不当要求にさらすこととなり、適切な対応とはいえない。相手方からすれば、面談相手である支店長に圧力をかけて応諾させればよいのであるから、要求行為がエスカレートするおそれもある。

<u>正解　1)</u>

1－5　本人以外の者からの取引内容照会等と守秘義務①

《問》K銀行P支店にあるA（未成年者ではない）名義の普通預金について、A以外の者から取引内容の照会等があった場合のK銀行の守秘義務に関する次の記述のうち、最も不適切なものはどれか。

1）第三者から取引内容の照会があった場合、それに対する回答についてAの承諾を得れば、K銀行に課せられた守秘義務は免除される。

2）Aの父親であるBから預金取引の内容の照会があった場合、BがAの親族であることを理由として、K銀行がAの承諾を得ることなく回答したときは、守秘義務違反となる。

3）国税の徴収職員から国税通則法に基づく質問検査権の行使として任意調査を受けた場合、K銀行がAの承諾を得ることなく回答したときは、守秘義務違反となる。

4）国税の徴収職員から滞納処分のための滞納者A（＝預金者A）の財産調査に必要な範囲内での検査を受けた場合、K銀行がAの承諾を得ることなくその検査に応じることは、守秘義務に違反しない。

・解説と解答・

1）適切である。銀行は、取引を通じて入手した顧客の情報を他人に漏らしてはならない守秘義務を負っているが、本人の承諾があれば守秘義務は免除される。

2）適切である。父親であっても第三者である以上は、守秘義務の免除事由に該当しない限り、K銀行は守秘義務違反の責任を免れない。

3）不適切である。国税通則法に基づく質問検査権の行使については法令に基づくものであるから（同法74条の2、74条の3）、守秘義務は免除される。

4）適切である。国税の滞納処分のための財産調査（質問および財産に係る帳簿書類の検査）については、法令に基づくものであるから（国税徴収法141条）、守秘義務は免除される。

正解　3）

1－6　本人以外の者からの取引内容照会等と守秘義務②

《問》預金者本人以外の者から取引内容の照会が行われた場合における対応や考え方に関する次の記述のうち、最も適切なものはどれか。

1）預金者が未成年者の場合であっても、親権者である父母からの照会に対して回答することは、守秘義務に違反する。

2）預金者の兄（後見人等ではない）からの照会に対して、兄であることが確認できたとしても、預金者本人の承諾を得ずに回答した場合は、守秘義務に違反する。

3）預金者の勤務先からの照会に対しては、その照会の理由が勤務先を被害者とする横領事件の調査のためである場合には、回答しても守秘義務に違反しない。

4）手形の支払人である法人の当該手形に係る決済見込みについて、手形割引を行おうとする他行からの信用照会に対して回答することは、守秘義務に違反する。

・解説と解答・

1）不適切である。未成年者の父母は親権者として子の財産の管理権を有するため、その管理権の行使として預金取引の照会を行うことが許される。したがって、これに対して回答することは、法令に基づくものであるから守秘義務を免除される（民法818条1項、824条）。

2）適切である。兄には父母に与えられているような財産管理権は認められていないので、原則どおり、本人の承諾を得なければ、これに回答することは守秘義務違反となる。

3）不適切である。犯罪捜査による照会は、刑事訴訟法等によって捜査機関にのみ認められている（刑事訴訟法197条2項等）。本人の承諾なく預金者の勤務先からの照会に回答することは守秘義務に違反する。

4）不適切である。いわゆる信用照会制度であり、所定のルールに従って回答することは、商慣習や黙示の承諾等を根拠として認められている。

正解　2）

1－7　当事者照会・文書提出命令

《問》民事訴訟法における文書提出命令等に関する次の記述のうち、最も
　　　適切なものはどれか。
1) 銀行に対して民事訴訟を提起しようとする者が、その予告を書面で
　　通知した場合には、その予告通知者は、銀行に対して、訴えを提起
　　した場合の主張または立証を準備するために必要な事項について回
　　答を求めることができ、当該照会が民事訴訟法上の除外事項に該当
　　しないにもかかわらず銀行がその回答を拒めば、制裁が科されるこ
　　ととなる。
2) 銀行を被告として民事訴訟を提起した原告が主張または立証を準備
　　するために必要な事項を銀行に照会する場合には、原告は事前にそ
　　の旨を裁判所に申し立てなければならない。
3) 銀行が当事者となっていない民事訴訟において、銀行に対して文書
　　提出命令がなされた場合、銀行がこれに従わずに提出を拒んだとし
　　ても、制裁が科されることはない。
4) 銀行の貸出稟議書は、特段の事情がない限り自己利用文書に該当
　　し、文書提出命令の対象とならない。

・解説と解答・

1) 不適切である。民事訴訟法132条の2第1項は、訴訟提起前の予告通知者
　　による照会制度を定めているが、これに対する回答を怠った場合の罰則を
　　定める規定は民事訴訟法上存在しない。
2) 不適切である。民事訴訟法163条は、訴訟提起後の当事者照会制度を定め
　　ているが、当事者照会制度は当事者相互間において行うことが予定されて
　　いる制度であり、裁判所の関与を必要としない。
3) 不適切である。第三者が文書提出命令に従わなかった場合の制裁として、
　　決定による20万円以下の過料の定めがある（民事訴訟法225条1項）。な
　　お、当事者が文書提出命令を拒んだ場合、裁判所は、当該文書の記載に関
　　する相手方の主張を真実と認めることができる（同法224条1項）。
4) 適切である。銀行の貸出稟議書のように、作成目的、記載内容、所持に至
　　る経緯その他の事情から判断して、もっぱら内部の者の利用に供する目的
　　で作成され、外部に開示することが予定されていない文書で、開示によっ

て所持者に看過しがたい不利益（団体の自由な意思形成の阻害など）が生
ずるおそれがあると認められるものは、特段の事情のない限り、民事訴訟
法220条4号ニの自己利用文書に該当するというのが判例の立場である
（最二小決平11.11.12金法1567号23頁）。

正解　4）

1-8 個人情報保護法①（センシティブ情報）

《問》個人情報保護委員会・金融庁の「金融分野における個人情報保護に関するガイドライン」（以下、「本ガイドライン」という）に照らして、K銀行P支店が顧客のセンシティブ情報を取得、利用または第三者提供するにあたって、当該顧客本人の同意を得る必要があるものは、次のうちどれか。なお、K銀行は、個人情報保護法にいう個人情報取扱事業者であるものとする。

1）国の機関もしくは地方公共団体またはその委託を受けた者が法令に定める事務を遂行することに対して協力するために、センシティブ情報を取得、利用または第三者提供する場合
2）人の生命、身体または財産の保護のために、センシティブ情報を取得、利用または第三者提供する必要がある場合
3）相続手続による権利義務の移転等の遂行に必要な限りにおいて、センシティブ情報を取得、利用または第三者提供する場合
4）金融事業の適切な業務運営を確保する必要性から、業務遂行上必要な範囲でセンシティブ情報を取得、利用または第三者提供する場合

解説と解答

1）本人の同意は必要ない（本ガイドライン5条1項4号）。
2）本人の同意は必要ない（本ガイドライン5条1項2号）。
3）本人の同意は必要ない（本ガイドライン5条1項7号）。
4）本人の同意が必要である。金融分野における個人情報取扱事業者は、保険業その他金融分野の事業の適切な業務運営を確保する必要性から、本人の同意に基づき業務遂行上必要な範囲でセンシティブ情報を取得、利用または第三者提供することができるとされている（本ガイドライン5条1項8号）。

正解　4）

1－9　個人情報保護法②（個人データの第三者提供）

《問》個人情報取扱事業者であるK銀行の個人データの第三者提供に関する次の記述のうち、最も不適切なものはどれか。

1) K銀行は、個人情報保護法等の法令で認められる場合を除き、あらかじめ本人の同意を得ないで個人データを第三者に提供することはできない。
2) 犯罪収益移転防止法に基づいて疑わしい取引の届出をすることは、個人情報保護法上、あらかじめ本人の同意を得ないで第三者に提供することが認められる場合に該当するので、K銀行は、あらかじめ当該取引に係る本人の同意を得ずに届出を行うことができる。
3) K銀行は、個人データを関連会社との間で共同して利用する場合には、共同利用する旨、共同利用する個人データの項目や共同利用者の範囲など所定の内容について、あらかじめ本人の同意を得なければならない。
4) K銀行は、暴力団等の反社会的勢力情報を企業間で共有する場合には、あらかじめ本人の同意を得ないで個人データを提供することができる。

・解説と解答・

1) 適切である。個人情報保護法は、原則として個人情報取扱事業者があらかじめ本人の同意を得ないで、個人データを第三者に提供してはならないとしている（同法27条1項）。なお、ここでいう「個人データ」とは、特定の個人情報を検索できるように体系的に構成した情報の集合物である「個人情報データベース等」（同法16条1項）を構成する個人情報をいう（同法16条3項）。
2) 適切である。当該提供は、犯罪収益移転防止法8条に基づく第三者提供であり、法令に基づく場合として、本人の同意を得ないで第三者に提供することができる（個人情報保護法27条1項1号）。
3) 不適切である。個人データを特定の者との間で共同して利用する場合であって、その旨ならびに共同して利用される個人データの項目、共同して利用する者の範囲、利用する者の利用目的および当該個人データの管理について責任を有する者の氏名または名称および住所並びに法人にあっては

その代表者の氏名について、あらかじめ本人に通知し、または本人が容易に知りえる状態に置いているときは、第三者提供には当たらないため（個人情報保護法27条5項3号）、本人の同意を必要としない。

4）適切である。暴力団等の反社会的勢力情報、業務妨害行為を行う悪質者情報、振り込め詐欺に利用された口座に関する情報等を企業間で共有する場合は、「人の生命、身体又は財産の保護のために必要がある場合であって、本人の同意を得ることが困難であるとき」に当たり、あらかじめ本人の同意を得ないで個人データを第三者に提供することができる（個人情報保護法27条1項2号）。

正解　3）

1-10　マイナンバー制度①

《問》マイナンバー制度に関する次の記述のうち、「行政手続における特定の個人を識別するための番号の利用等に関する法律」（番号利用法）等に照らし、最も不適切なものはどれか。

1）個人番号は、日本国籍を有する個人に対して指定されるものであり、日本国籍を有しない者が個人番号の指定を受けることはない。
2）個人番号の利用範囲は、個人番号を含まない一般の個人情報に比べて限定されている。
3）金融機関の従業員が番号利用法の罰則規定により刑罰を科された場合、法人である金融機関にも刑罰が課されることがある。
4）金融機関は、従業員の法令違反により顧客の個人番号が外部に漏えいした場合、損害賠償責任を負う可能性がある。

・解説と解答・

1）不適切である。個人番号は住民票の記載をもとに指定される（番号利用法7条1項）ため、日本国籍を有しない者についても、住所地の地方自治体において住民登録を行っていれば、個人番号の指定を受けることになる。

2）適切である。一般の個人情報の利用については、特定した利用目的の達成に必要な範囲内でしか利用できないとの制限があるのみである（個人情報保護法18条1項）。他方、個人番号の利用については、一般の個人情報と同様の制限を受けるのに加えて、個人番号関係事務を行うために必要な限度に利用範囲が限定されている（番号利用法9条4項）。

3）適切である。法人の使用人が違反行為をしたときに、法人にも罰金刑を科すとの両罰規定が設けられている（番号利用法57条1項）。

4）適切である。漏えいを発生させた金融機関は、顧客のプライバシー侵害を理由として債務不履行または不法行為による損害賠償責任（民法415条、709条、715条）を負う可能性がある。

正解　1）

1−11 マイナンバー制度②

《問》K銀行における個人番号（マイナンバー）および特定個人情報（個人番号をその内容に含む個人情報）の取扱いに関する次の記述のうち、「行政手続における特定の個人を識別するための番号の利用等に関する法律」（番号利用法）に照らし、最も不適切なものはどれか。

1）K銀行は、本人から個人番号の提供を受ける際は、本人確認の措置をとらなければならない。
2）K銀行は、個人番号の漏えい、滅失または毀損を防ぐための安全管理措置を講じなければならない。
3）K銀行は、勤怠管理を目的として従業員の個人番号を利用することができる。
4）K銀行は、個人番号を記載した給与所得の源泉徴収票を税務署に提出することができる。

・解説と解答・

1）適切である。なりすましや番号の誤りを防ぐため、本人から個人番号の提供を受けるときは、個人番号カード等の書類による本人確認の措置をとらなければならないとされている（番号利用法16条）。

2）適切である。個人番号の漏えい等を防ぐため、個人番号関係事務実施者であるK銀行には安全管理措置を講じる義務が課されている（番号利用法12条）。

3）不適切である。個人番号の利用範囲は、個人番号関係事務を行うために必要な限度に限定されており（番号利用法9条4項）、勤怠管理を目的として個人番号を利用することはできない。

4）適切である。個人番号関係事務実施者は個人番号関係事務を処理するために必要な限度で特定個人情報を提供することが認められている（番号利用法19条2号、9条4項）。K銀行が個人番号を記載した給与所得の源泉徴収票を税務署に提出することは、これに該当する（同法9条4項）。

<u>正解　3）</u>

1－12　改正金融サービス提供法

《問》K銀行が個人顧客と取引を行う場合の改正金融サービス提供法の適用に関する次の記述のうち、最も適切なものはどれか。なお、本問における個人顧客は、改正金融サービス提供法上の特定顧客ではないものとする。

1) 改正金融サービス提供法の規制は、K銀行が取り扱うことのできるすべての商品に係る個人顧客との契約締結について適用される。
2) 個人顧客との契約締結にあたり、K銀行が金融商品の販売に係る事項について断定的判断の提供を行うことは、改正金融サービス提供法においては禁止されていない。
3) K銀行は、改正金融サービス提供法上の重要事項の説明を、顧客の属性に関わりなく、一般的な個人顧客に理解されるために必要な方法と程度により画一的に行う必要がある。
4) 改正金融サービス提供法の規定により個人顧客がK銀行に対して損害賠償を請求する場合、元本欠損額が当該顧客に生じた損害の額と推定される。

・解説と解答・

1) 不適切である。改正金融サービス提供法の適用範囲については、預金・貯金・定期積金等のほか、保険契約、一定の有価証券取引・デリバティブ取引などが限定列挙されているが、商品先物取引や銀行の融資等は含まれない（改正金融サービス提供法3条）。
2) 不適切である。改正金融サービス提供法上、金融商品販売業者等が、金融商品の販売に係る事項について、不確実な事項につき断定的判断の提供を行うこと、または確実であると誤認させるおそれのあることを告げることが、禁止されている（改正金融サービス提供法5条）。
3) 不適切である。改正金融サービス提供法上の重要事項の説明は、顧客の知識、経験、財産の状況および当該金融商品の販売に係る契約を締結する目的に照らして、当該顧客に理解されるために必要な方法および程度により行う必要がある（改正金融サービス提供法4条2項）。
4) 適切である（改正金融サービス提供法7条）。

<u>正解　4)</u>

1−13 消費者契約法

《問》消費者契約法に関する次の記述のうち、最も不適切なものはどれか。

1) 顧客に金融商品を勧誘・販売する場合、その顧客が、個人であっても、事業としてまたは事業のために契約の当事者となる場合におけるものであるときは、当該顧客は消費者契約法において保護の対象となる消費者には当たらない。

2) 金融商品の勧誘・販売にあたって、銀行の担当者が重要事項について消費者に事実と異なることを告げ、消費者がそれを事実であると誤認して契約したときは、消費者契約法により、当該消費者に生じた損害について銀行に賠償責任が課される。

3) 金融商品の勧誘・販売にあたって、銀行の担当者が重要事項について消費者の利益となる旨を告げ、かつ、当該重要事項について消費者に不利益となる事実を故意に告げなかったことにより、消費者がその事実が存在しないと誤認して契約したときは、当該消費者は、消費者契約法に基づきその契約を取り消すことができる。

4) 金融商品の勧誘・販売にあたって、銀行の債務不履行により消費者に損害が生じても銀行はいっさい責任を負わない旨の特約を、銀行が消費者と書面で締結したとしても、消費者契約法により当該特約は無効とされる。

・解説と解答・

1) 適切である。消費者契約法において保護の対象となる消費者は個人である。しかし、個人であっても事業としてまたは事業のために契約の当事者となる場合におけるものは、保護の対象とならない（消費者契約法2条1項）。

2) 不適切である。消費者契約法においては、事業者が商品の勧誘・販売にあたって重要事項について事実と異なることを告げ、消費者がそれを事実であると誤認して契約の申込みまたはその承認の意思表示をしたときは、当該消費者は消費者契約法に基づきこれを取り消すことができる（同法4条1項1号）とされているが、事業者の損害賠償責任に係る規定は存しない。損害賠償責任は改正金融サービス提供法6条や民法709条等により根

　　拠づけられる。

3 ）適切である（消費者契約法 4 条 2 項）。

4 ）適切である。事業者の債務不履行により消費者に生じた損害の賠償責任の
　　全部を免除し、または当該事業者にその責任の有無を決定する権限を付与
　　する条項、事業者の故意または重大な過失による債務不履行により消費者
　　に生じた損害の賠償責任の一部を免除し、または当該事業者にその責任の
　　限度を決定する権限を付与する条項などは、無効とされている（消費者契
　　約法 8 条 1 項）。

正解　2 ）

1−14　公益通報者保護法①

《問》公益通報者保護法に関する次の記述のうち、最も不適切なものはどれか。

1) 通報対象事実が生じまたはまさに生じようとしていると信ずるに足る相当の理由がある場合、処分・勧告等の権限を有する行政機関に公益通報をしたことを理由として事業者が行った解雇は、無効である。
2) 派遣労働者が公益通報をしたことを理由として事業者が行った労働者派遣契約の解除は、無効である。
3) 事業者は、その従業員が公益通報をしたことを理由として、降格、減給その他不利益な取扱いをしてはならない。
4) 事業者は、その指揮命令の下に労働する派遣労働者が公益通報をしたことを理由として、派遣労働者の交代を求めることはさしつかえない。

・解説と解答・

　なお、2022年6月に施行された改正内容として、①事業者に対し、内部公益通報に適切に対応するために必要な体制の整備等を義務付け（中小事業者（常時使用労働者数300人以下）は努力義務）【11条】、②①の実効性確保のために行政措置を導入【15条、16条】、③公益通報対応業務従事者（内部調査等に従事する者）に対し、通報者を特定させる情報の守秘を義務付け（同義務違反に対する刑事罰を導入）【12条、21条】、④権限を有する行政機関への通報の保護要件緩和【3条2号】、⑤報道機関等への通報の保護要件緩和【3条3号】、⑥権限を有する行政機関における公益通報に適切に対応するために必要な体制の整備等【13条2項】、⑦保護される人の範囲拡大【2条1項等】、保護される通報の範囲拡大【2条3項】、公益通報者への損害賠償の制限【7条】、がある。
1) 適切である（公益通報者保護法3条2号）。
2) 適切である（公益通報者保護法4条）。
3) 適切である（公益通報者保護法5条1項）。
4) 不適切である。公益通報者保護法5条2項により、派遣労働者の交代を求めることその他不利益な取扱いをしてはならないこととされている。

正解　4)

1－15　公益通報者保護法②

《問》K銀行の行員・役員が、K銀行や他の行員による違法・不正の事実を通報する場合に関する次の記述のうち、公益通報者保護法に照らし、最も不適切なものはどれか。

1）K銀行の役員LがK銀行の行おうとしている違法の事実をK銀行のコンプライアンス担当部署に通報した場合、Lの通報目的がK銀行から口止め料を受領することにあったときは、結果としてK銀行の違法行為の実行を未然に防止できたとしても、Lは公益通報者として保護の対象とならない。

2）K銀行の行員MがK銀行の行った違法の事実をK銀行のコンプライアンス担当部署に匿名で通報した場合、その後の内部調査等で通報者であるMが特定されたときであっても、Mは公益通報者として保護の対象とならない。

3）K銀行の行員Nが上司である課長Sの行った違法の事実をK銀行のコンプライアンス担当部署に通報した場合、その事実がK銀行の業務とまったく関係のない私生活上の違法行為に関するものであったときは、Nは公益通報者として保護の対象とならない。

4）K銀行の行員TがK銀行の行った違法の事実を新聞社に通報した場合、Tに不正の目的がなく、かつ、通報対象事実が生じ、または、まさに生じようとしていると信ずるに足りる相当の理由があって、個人の生命・身体に危害が発生している等の一定の事由が認められるときは、TがK銀行のコンプライアンス担当部署に先に通報していなくても、Tは公益通報者として保護の対象となる。

・解説と解答・

1）適切である。不正の利益を得る目的である場合等には、公益通報には当たらず、保護されない（公益通報者保護法2条1項）。

2）不適切である。匿名の通報であれば、通常は通報者本人が特定されず、不利益取扱いを受けることがないため保護する必要はないとも思われるが、通報時には匿名でも、何らかの事情により通報者本人が特定され解雇その他の不利益取扱いを受ける可能性があるため、公益通報者保護法では保護の対象について、匿名か否かによる区別はしていない（同法2条1項1

号、5条1項)。

3）適切である。K銀行の業務とまったく関係のない私生活上の違法行為に関するものであった場合には、公益通報者保護法の「通報対象事実」には該当しないため、公益通報には当たらず、同法の適用はない（同法2条3項）。

4）適切である。通報が不正の目的でなく、通報対象事実が生じ、または、まさに生じようとしていると信ずるに足りる相当の理由がある場合で、一定の事由（個人の生命または身体に危害が発生し、または発生する急迫した危険があると信ずるに足りる相当の理由があるときなど）が認められるときには、報道機関に対する通報も、公益通報として保護される（公益通報者保護法2条1項、3条3号）。

正解　2）

1－16　成年後見制度・後見登記制度①

《問》K銀行P支店では、高齢者との取引が多く、最近は成年後見制度利用者との取引も増加していることから、勉強会を開くこととした。成年後見制度および後見登記制度等に関する次の記述のうち、最も不適切なものはどれか。

1）成年後見登記制度は法定後見制度（後見、保佐、補助）と任意後見制度の両方を対象としているので、後見登記等により任意後見契約の締結の有無についても確認することができる。

2）任意後見制度は、将来の判断能力が衰えたときに備えて、あらかじめ後見人となる者を定めておくものであり、任意後見契約は、公正証書により作成する必要がある。

3）後見登記等の登記事項証明書の交付を請求できる者は一定の範囲の者に限定されているが、銀行等の金融機関が取引の相手方についての後見登記等の内容を確認する場合は、その交付を請求することができる。

4）後見等の開始の審判を受けていない者は、自己について後見登記等の「登記されていないことの証明書」の交付を受けることができる。

・解説と解答・

1）適切である。成年後見登記は、法定後見制度と任意後見制度を対象としており、法定後見開始の審判がされたとき、任意後見契約の公正証書が作成されたとき、任意後見監督人の選任の審判がされたときなどに、家庭裁判所または公証人の嘱託または申請によって登記が行われる（後見登記等に関する法律4条、5条）。

2）適切である（任意後見契約に関する法律2条、3条）。

3）不適切である。登記事項証明書の交付を請求できる者は、本人、その配偶者および4親等内の親族、成年後見人等、一定の範囲の者に限定されており（後見登記等に関する法律10条）、金融機関が取引の相手方であることを理由として交付請求することはできない。

4）適切である（後見登記等に関する法律10条1項1号）。

正解　3）

1－17　成年後見制度・後見登記制度②

《問》成年後見制度に関する次の記述のうち、最も不適切なものはどれか。
1) 成年後見制度において、未成年者は、成年後見人になることはできない。
2) 成年後見制度において、後見開始の審判を請求できるのは、本人、配偶者、4親等内の親族、保佐人、保佐監督人、補助人、補助監督人、検察官等である。
3) 成年後見登記制度において、成年後見人と取引を行う銀行は、その成年後見人が後見する成年被後見人が登記されている登記記録に係る登記事項証明書の交付を法務局に請求することができる。
4) 成年後見人は、成年被後見人が死亡したことを知った場合、終了の登記を申請しなければならない。

・解説と解答・

1) 適切である（民法847条1号）。
2) 適切である。民法の規定により、本人、配偶者、4親等内の親族、保佐人、保佐監督人、補助人、補助監督人または検察官の請求により、後見開始の審判をすることができるほか、老人福祉法の規定により、市長村長は必要に応じ、65歳以上の者につき後見開始の審判を請求することができる（民法7条、老人福祉法32条）。
3) 不適切である。登記事項証明書の交付を請求できる者は、本人、その配偶者および4親等内の親族、成年後見人等、一定の範囲の者に限定されており（後見登記等に関する法律10条）、金融機関が取引の相手方であることを理由として交付請求することはできない。
4) 適切である（後見登記等に関する法律8条、7条1項1号、4条）。

正解　3)

1-18　各種業法による制限

《問》取引先からの依頼に対してK銀行P支店の行員Sの行った対応に関する次の記述のうち、最も適切なものはどれか。なお、K銀行は信託銀行ではなく、信託業務の代理・媒介も行っていないものとし、また、Sは国家資格をいっさい取得していないものとする。

1）Sは、取引先Aから、「所有する不動産を売却したいので、買主を探してほしい」との依頼を受けた。AはP支店の大口預金先であったことから、Sは、自らP支店の取引先Bに当該不動産の購入を働きかけ、A・B間の不動産売買契約の締結に尽力して、当該売買契約を成立させたが、特段の報酬を要求せず、サービスとして行った。

2）Sは、取引先Cから、「父が亡くなり相続税の申告をしなければならないが、わからないことも多いので、相続税の申告書を作成してほしい」との依頼を受けた。CはP支店の大口預金先であったことから、Sは、相続税の申告書を作成してCに渡したが、特段の報酬を要求せず、サービスとして行った。

3）Sは、取引先Dから、「知人Eにお金を貸したが、返してもらえずにトラブルになっているので、何とかしてほしい」との債権回収に係る依頼を受けた。DはP支店の大口預金先であったことから、Sは、Eと交渉するなど尽力し、EからDに返済が行われたので、報酬を受け取る代わりに、Dに回収額と同額の定期預金を預け入れてもらった。

4）Sは、取引先Fから、「相続で土地を取得したので登記をする必要があるが、手続が面倒なので法務局に提出する書類を作成してほしい」との依頼を受けた。FはP支店の大口預金先であったが、Sは、Fの代わりに法務局に提出する書類を作成することは謝絶し、P支店と業務上の取引のある司法書士を紹介することとした。

・解説と解答・

1）不適切である。宅地建物取引業は免許制が採られており、免許を受けない者は宅地建物取引業を営んではならない（宅地建物取引業法2条2号、3条1項、12条1項）。「業として行う」とは、営利の目的をもって反復継続

して行うことをいうが、Sの行為は、金融機関の業務の一部として行うものである以上、無償であったとしても、宅地建物取引業に該当する可能性があり、宅地建物取引業法に抵触するおそれがある。

2）不適切である。税務代理、税務書類の作成、税務相談は、税理士の業務として法定されており（税理士法2条）、税理士または税理士法人でない者は、法律に別段の定めがある場合を除いて、税理士業務を行ってはならない（同法52条）。この場合、営利目的の有無や有償・無償の別を問わないとされており、Sの行為は、無償であったとしても、税務書類の作成（同法2条2号）に該当することから、税理士法に抵触する。

3）不適切である。弁護士または弁護士法人でない者は、報酬を得る目的で、一般の法律事件に関して法律事務を取り扱うことを業とすることができない（弁護士法3条1項、72条）。選択肢のような支払をめぐってトラブルになっている債権の回収は、原則として弁護士のみが行うことができ、Sの行為は、弁護士法に抵触する。

4）適切である。司法書士または司法書士法人でない者は、他人の依頼を受けて法務局に提出する書類を作成する業務を行ってはならない（司法書士法3条1項2号、73条1項）。

　　なお、他の専門家に係る業務として、社会保険労務士でない者に禁止されている業務は、報酬を得て社会保険や労務に関する書類の作成等や申請手続の代行を行うことなど、社会保険労務士法2条1項1号から2号までに列挙された業務である（同法27条。有償独占業務）。一方、社会保険に関する相談に応じることなどのコンサルティング業務は、同法2条1項3号に掲げる業務であり、社会保険労務士の独占業務ではないことから、社会保険労務士でない者が行うことについて同法上の制限は課されていない。

正解　4）

1−19　広告・頒布品と銀行の責任

《問》K銀行P支店の営業担当者Sは、K銀行が取り扱っている商品のチラシを作成して、P支店の近隣住民に配布した。この場合における次の記述のうち、最も適切なものはどれか。

1）Sは、チラシを作成するにあたり、新聞の情報を基に「○月△日の日経平均株価の終値は、30,920円50銭で、前日比30円25銭高でした」と事実のみを記載した。事実の伝達にすぎない雑報および時事の報道は、著作物に該当しないため、Sの行為は著作権法に違反する可能性はない。

2）Sは、チラシを作成するにあたり、K銀行のノベルティグッズに採用されている既存のキャラクターを、よりかわいらしく見せるためにデフォルメしたうえで手描きで描いた。このキャラクターの原画について、あらかじめK銀行が著作者から著作権を買い取っていれば、Sの行為は著作権法に違反する可能性は低い。

3）Sは、他社が宣伝のために作成し、利用しているキャッチコピーをチラシに使用したが、当該他社が金融以外の業態に属しているのであれば、無断で使用した場合であっても、著作者の権利を侵害する可能性はない。

4）Sは、チラシを作成するにあたり、「生命保険キャンペーン実施中。期間中に生命保険に加入いただいたお客さまには、もれなく商品券を贈呈」と記載した。Sの行為は保険業法に違反する可能性はない。

・解説と解答・

1）適切である。事実の伝達にすぎない雑報および時事の報道（いつ、どこで、誰が、何をしたかという事実のみで構成された雑報や時事の報道のことをいう）は、著作権の対象となる「著作物」に該当しない（著作権法10条2項）。

2）不適切である。著作者は、著作者人格権として「同一性保持権」を有している。同一性保持権とは、その著作物について、「その意に反してこれらの変更、切除その他の改変を受けない」権利である（著作権法20条）。著作者人格権は、著作権が譲渡された場合でも著作者が持っており（同法50

条）、著作者の承諾なくキャラクターの原画をデフォルメして描くことは
同一性保持権の侵害となる可能性がある。

3）不適切である。著作権法では、「著作物」について「思想又は感情を創作
的に表現したものであって、文芸、学術、美術又は音楽の範囲に属するも
のをいう」と定義している（同法2条1項1号）。キャッチコピーであっ
ても、思想または感情を創作的に表現したものであれば、業態のいかんに
かかわらず著作物として保護されるので、これを無断で使用すれば、著作
権の侵害となる可能性がある。

4）不適切である。保険契約の募集・締結等の行為に関して、「保険契約者又
は被保険者に対して、保険料の割引、割戻しその他特別の利益の提供を約
し、又は提供する行為」は、保険業法によって禁止されている（同法300
条1項5号）。また、換金性の高い商品券を配布することは「その他特別
の利益の提供」に該当する可能性がある（保険会社向けの総合的な監督指
針Ⅱ—4—2—2(8)①）。

　　なお、銀行等による顧客獲得等のための過大な景品類の提供などは、不
当な顧客誘引となることから、不当景品類及び不当表示防止法（景品表示
法）や全国銀行公正取引協議会が運用する「銀行業における景品類の提供
の制限に関する公正競争規約」において制限が設けられている。また、チ
ラシなどに金利を表示する場合においては、年建て以外の利率または利回
りを表示する場合には、年建てによる利率または利回りを併せて表示する
こと、金銭以外の利回り換算の禁止、有利誤認表示等の不当表示の禁止、
比較表示における公正かつ適正な数値の表示、などのルールに違反しない
ように留意する必要がある（銀行業における表示に関する公正競争規約）。

正解　1）

1-20　職場環境の確保①（労働基準法）

> 《問》労働基準法に関する次の記述のうち、最も不適切なものはどれか。
> 1）女性の賃金について、女性であることを理由として男性と差別的取扱いを行うことは、労働基準法に違反する。
> 2）労働基準法の時間外勤務手当に関する規定は強行法規であり、使用者と労働者の合意に基づく場合でも、使用者は時間外勤務手当の支払義務を免れることはできない。
> 3）就業規則等により時間外勤務手当を定額で支払うこととしている企業の場合、実際の時間外勤務時間をもとに労働基準法に基づいて計算した手当額がその定額を超えるときであっても、使用者は、その超過する部分に相当する時間外勤務手当を支払う義務はない。
> 4）就業規則は使用者である会社に作成・変更権限があるが、一方的な就業規則の変更による賃金の減額改定の場合、「労働条件の不利益変更」に当たるとして変更の効力が認められないことがある。

• 解説と解答 •

1）適切である。職務内容、能率、技能、熟練度、年齢、勤続年数等によって賃金に差を設けることは差別的取扱いに当たらないが、それらの前提条件が同一であるにもかかわらず、性別により賃金に差を設けることは許されない（労働基準法4条）。

2）適切である（労働基準法13条、37条）。

3）不適切である。時間外勤務手当について定額で支払うという取扱いを行っている場合に、実際の時間外勤務時間をもとに労働基準法に基づいて計算した手当額がその定額を超えるときには、その超過する部分に相当する手当を支払う義務がある（労働基準法13条、37条）。

4）適切である。就業規則の改正によって会社が一方的に賃金の減額を行うことは、労働条件の不利益変更に当たるため、原則として許されない。ただし、変更後の就業規則を労働者に周知させ、かつ、就業規則の変更が合理的な変更である場合には例外的に有効とされているが（労働契約法10条、最大判昭43.12.25民集22巻13号3459頁）、賃金が極めて重要な労働条件であることから、その合理性は厳格に判断される。

正解　3）

1－21　職場環境の確保②（職場における男女の待遇等）

《問》職場における男女の待遇等に関する次の記述のうち、最も不適切なものはどれか。

1）労働者の性別を理由として、労働者の配置、昇進、降格および教育訓練等について差別的取扱いを行うことは禁止されているが、職場に事実上生じている男女間格差を解消する目的で女性を有利に取り扱うなどの一定の措置を講じる場合は容認される。

2）営業の職務、秘書の職務、企画立案業務を内容とする職務、安定的な事務処理業務を内容とする職務、海外で勤務する職務等一定の職務への配置にあたって、その対象を男女のいずれかのみとすることは、差別的取扱いに該当する。

3）雇用管理の方法として、いわゆるコース別雇用管理を導入している場合、各コースにおける賃金、配置、昇進等の処遇が内部規程により明確に定められているときは、男性のみのコース、女性のみのコースとして設定されているときであっても、差別的取扱いには当たらない。

4）2023年4月より、従業員数1,000人超の企業は、男性の育児休業等の取得の状況を年1回公表することが義務付けられている。

・解説と解答・

1）適切である。労働者の性別を理由として、労働者の配置、昇進、降格および教育訓練等について差別的取扱いを行うことは禁止されているが（男女雇用機会均等法6条1号）、事業主が、雇用の分野における男女の均等な機会および待遇の確保の支障となっている事情を改善することを目的として女性労働者に関して行う措置を講ずることは、同条に違反しないとされている（同法8条）。

2）適切である。労働者の性別を理由として、労働者の配置等について差別的取扱いをすることは禁止されている。（男女雇用機会均等法6条1号）。営業の職務、秘書の職務、企画立案業務を内容とする職務、安定的な事務処理業務を内容とする職務、海外で勤務する職務等一定の職務への配置にあたって、その対象を男女のいずれかのみとすることは、「一定の職務への配置に当たって、その対象から男女のいずれかを排除すること」として、

差別的取扱いに該当するとされている（労働者に対する性別を理由とする差別の禁止等に関する規定に定める事項に関し、事業主が適切に対処するための指針第2—3—(2)イ）。

3）不適切である。コース別雇用管理を行うにあたって、一方の性の労働者のみを一定のコースに分けること、一方の性の労働者のみ特別な要件を課すこと、形式的に男女双方に開かれた制度になっているが、実際の運用上は男女で異なる取扱いを行うことは、男女雇用機会均等法に抵触するとされている（同法6条、厚生労働省「コース等で区分した雇用管理を行うに当たって事業主が留意すべき事項に関する指針」第4．一）。

4）適切である。公表内容は、男性の「育児休業等の取得率」または「育児休業等と育児目的休暇の取得率」である（育児休業、介護休業等育児又は家族介護を行う労働者の福祉に関する法律22条の2、同法施行規則71条の4）。

正解　3）

1－22　職場環境の確保③（派遣労働者）

《問》派遣労働者Ａ、派遣元Ｇ社、派遣先Ｋ銀行の権利義務関係に関する
　　次の記述のうち、最も適切なものはどれか。
　1）派遣労働者Ａの雇用主は派遣元Ｇ社であるため、Ａに対する賃金支
　　　払義務はＧ社が負う。
　2）派遣労働者Ａは、派遣元Ｇ社との間に雇用契約が成立すると同時
　　　に、派遣先Ｋ銀行との間にも雇用契約が成立する。
　3）派遣先Ｋ銀行が派遣労働者Ａに時間外労働を行わせるためには、Ｋ
　　　銀行とその従業員の過半数で組織する労働組合との間で時間外労働
　　　に関する協定があれば足りる。
　4）派遣元Ｇ社は、Ａに対してセクシュアル・ハラスメント防止のため
　　　の雇用管理上必要な措置を講ずる義務が課されるが、派遣先Ｋ銀行
　　　には同義務は課されない。

・解説と解答・

1）適切である。派遣労働者、派遣元、派遣先の契約関係は、派遣労働者と派
　　遣元との間の雇用契約、派遣元と派遣先との間の労働者派遣契約である。
　　派遣労働者の雇用契約は派遣元との間にあるため、労働基準法24条の賃金
　　支払義務は派遣先ではなく派遣元が負担する。
2）不適切である。派遣先と派遣労働者の間には契約関係はない。
3）不適切である。派遣労働者の雇用契約は派遣元との間にあるため、職場の
　　過半数従業員（あるいは、過半数を組織する組合）との間で時間外労働に
　　関する協定を締結する場合の相手方は派遣元である。さらに、派遣元と派
　　遣先との間の派遣契約に残業の定めがあり、派遣元が派遣労働者に示す就
　　業条件明示書（労働者派遣法34条）に残業の記載があることが必要である
　　（労働者派遣法26条1項10号、同法施行規則22条3号）。
4）不適切である。派遣労働におけるセクシュアル・ハラスメント防止のため
　　の雇用管理上必要な措置を講ずる事業主の義務（男女雇用機会均等法11
　　条）に関しては、派遣先も事業主とみなされるため、派遣元と派遣先の双
　　方に同義務が課される（労働者派遣法47条の2）。

正解　1）

1－23　職場環境の確保④（パワーハラスメント・カスタマーハラスメント）

《問》パワーハラスメント・カスタマーハラスメントに関する次の記述のうち、最も不適切なものはどれか。

1）職場のパワーハラスメントとは、職務上の地位や人間関係などの職場における優越的な関係を背景に、業務上必要かつ相当な範囲を超える行為（言動）により労働者の就業環境を害することをいう。

2）職場のパワーハラスメントは労働者間の問題であるから、パワーハラスメントの被害者である労働者に対して、使用者が民事上の責任を負うことはない。

3）パワーハラスメントの行為類型には、暴行・傷害や脅迫・名誉毀損・侮辱などの身体的・精神的な攻撃だけではなく、遂行不可能なことの強制等である過大な要求をすることや、私的なことに過度に立ち入ることなども含まれる。

4）厚生労働省の「職場のハラスメントに関する実態調査（令和2年度調査）」によると、顧客等からの著しい迷惑行為（カスタマーハラスメント）に関する予防・解決のための取組状況の割合は、「金融業、保険業」では、1位「相談体制の整備」、2位「顧客等からの著しい迷惑行為を受けた被害者への取組（メンタルヘルス不調への対応等）」、3位「特にない」という結果になっている。

・解説と解答・

1）適切である（労働施策の総合的な推進並びに労働者の雇用の安定及び職業生活の充実等に関する法律30条の2第1項）。

2）不適切である。使用者は、労働契約に伴い、労働者がその生命、身体等の安全を確保しつつ労働することができるよう必要な配慮をすべき義務を負う（労働契約法5条）。したがって、使用者は、パワーハラスメント防止のための雇用管理上必要な措置を講ずる義務を負っており、その義務違反により労働者に損害が生じた場合には、当該パワーハラスメントの被害者である労働者に対して民事上の損害賠償責任を負うことがある。

3）適切である。パワーハラスメントの行為類型の典型例として、身体的な攻撃、精神的な攻撃、人間関係からの切り離し、過大な要求、過小な要求、

個の侵害（私的なことに過度に立ち入ること）が挙げられる（厚生労働省「事業主が職場における優越的な関係を背景とした言動に起因する問題に関して雇用管理上講ずべき措置等についての指針」2(7)）。

4）適切である。なお、調査結果によると、受けた顧客等からの著しい迷惑行為としては、「長時間の拘束や同じ内容を繰り返すクレーム（過度なもの）」（52.0％）の割合が最も高く、「名誉棄（毀）損・侮辱・ひどい暴言」（46.9％）が続いている。男女別では、「著しく不当な要求（金品の要求、土下座の強要等）」等の割合は女性より男性の方が高くなっている。ハラスメントを受けた場所としては、「通常就業している場所」（60.7％）の回答割合が最も高く、次いで「顧客等との電話やメール等での応対時」（34.6％）となっている。顧客等からの著しい迷惑行為を受けたことによる心身への影響としては、「怒りや不満、不安などを感じた」（67.6％）の割合が最も高く、次いで「仕事に対する意欲が減退した」（46.2％）となっている。

<u>正解</u>　2）

1－24　職場環境の確保⑤（セクシュアルハラスメント）

《問》事業主である金融機関のセクシュアルハラスメント対策に関する次
　　の記述のうち、最も不適切なものはどれか。
　1）事業主である金融機関には、職場におけるセクシュアルハラスメン
　　　トが発生しないよう、行職員からの相談に応じ、適切に対応するた
　　　めに必要な体制の整備その他の雇用管理上必要な措置を講ずる義務
　　　が課せられている。
　2）事業主である金融機関は、セクシュアルハラスメントの内容および
　　　発生防止方針を明確化し、全行職員に周知・啓発すべきである。
　3）事業主である金融機関は、相談窓口をあらかじめ定め、相談窓口の
　　　担当者が、相談内容や状況に応じて適切かつ柔軟に対応できるよう
　　　にしなければならない。
　4）支店の送別会を店舗外の飲食店で開催した場合に発生したセクシュ
　　　アルハラスメント行為は、職場外で発生したことであるから、事業
　　　主である金融機関が被害者である行職員に対して民事上の損害賠償
　　　責任を負うことはない。

・解説と解答・

1）適切である（男女雇用機会均等法11条1項）。
2）適切である（厚生労働省「事業主が職場における性的な言動に起因する問
　　題に関して雇用管理上講ずべき措置等についての指針」（以下、「同指針」
　　という）4⑴イ）。
3）適切である。相談窓口は事実関係の調査と被害者の迅速な救済のために必
　　要不可欠である（同指針4⑵イ、ロ）。
4）不適切である。職場外での飲食会であるとしても、その飲食会の目的、職
　　務との関連性、参加者、参加・不参加の任意性の有無等の諸事情の判断か
　　ら、それがあたかも職場・業務の実質的な延長とみられるのであれば、当
　　該送別会は「事業の執行」に当たり、使用者である金融機関が、被害者た
　　る行職員に対して使用者責任として、損害賠償責任を負う可能性がある
　　（民法715条1項）。

正解　4）

1－25 コンプライアンスと民法・刑法

《問》K銀行またはその行員の行為と民法・刑法に係るコンプライアンス
に関する次の記述のうち、最も不適切なものはどれか。
1）K銀行が融資した資金が違法な賭博場を開設するための資金として
使用された場合、融資契約の効力自体が無効とされることがありう
る。
2）K銀行の行員が社有車を使用して取引先に向かう途中で交通事故を
起こして被害者が負傷した場合、当該行員のみでなく、K銀行も被
害者に対して損害を賠償する責任を問われることがありうる。
3）K銀行の行員がA市の出納責任者に対して過剰な接待を行った場
合、K銀行がA市の指定金融機関であるときであっても、当該行員
が刑法上の贈賄罪に問われることはない。
4）K銀行の行員が回収の見込みがないことを認識していながら融資を
行った場合、当該行員は刑法上の背任罪に問われることがありう
る。

・解説と解答・

1）適切である。公の秩序または善良の風俗（公序良俗）に反する法律行為は
無効とされる（民法90条）ことから、銀行がそれらに抵触する資金使途で
あることを知っていて融資をした場合など、融資の経緯等によっては融資
契約が無効とされるケースがありうる。

2）適切である。事業のために他人を使用する者は、被用者がその事業の執行
について第三者に加えた損害を賠償する責任を負うことがありうる（民法
715条1項。使用者責任）。一方で、K銀行の行員が休日に私用で自家用車
の運転をしていた際に事故を起こした場合、たまたま事故の被害者がK銀
行の顧客であったとしても、K銀行は損害に対する使用者責任を負わな
い。

3）不適切である。公務員が「その職務に関し」賄賂を収受等したときは収賄
罪（刑法197条1項）に問われ、当該賄賂を供与等した者は贈賄罪（同法
198条）に問われる。したがって、接待の態様によっては、贈賄罪に問わ
れることがある。

4）適切である。K銀行の行員が、回収の見込みがないことを認識していなが

ら、いわゆる情実融資を行った場合、背任罪（刑法247条）に問われることがありうる。

<u>正解　3）</u>

1－26　顧客本位の業務運営に関する原則

《問》金融庁の「顧客本位の業務運営に関する原則」に関する次の記述の
うち、最も不適切なものはどれか。
1）原則1において、金融事業者は、顧客本位の業務運営を実現するた
めの明確な方針を策定・公表するとともに、当該方針に係る取組状
況を定期的に公表すべきであるとされている。
2）原則2において、金融事業者は、高度の専門性と職業倫理を保持
し、顧客に対して誠実・公正に業務を行い、顧客の最善の利益を図
るべきであるとされている。
3）原則3において、金融事業者は、取引における顧客との利益相反の
可能性について正確に把握し、利益相反の可能性がある場合には、
当該取引を停止すべきであるとされている。
4）原則6において、金融事業者は、顧客の資産状況、取引経験、知識
および取引目的・ニーズを把握し、当該顧客にふさわしい金融商
品・サービスの組成、販売・推奨等を行うべきであるとされてい
る。

・解説と解答・

　顧客本位の業務運営の原則（2021年1月15日改訂）は、以下の7つ。なお、
「金融事業者」は、金融商品の販売、助言、商品開発、資産管理、運用等を行
うすべての金融機関等をいう。
原則1．金融事業者は、顧客本位の業務運営を実現するための明確な方針を策
　　　定・公表するとともに、当該方針に係る取組状況を定期的に公表すべき
　　　である。当該方針は、より良い業務運営を実現するため、定期的に見直
　　　されるべきである。
原則2．金融事業者は、高度の専門性と職業倫理を保持し、顧客に対して誠
　　　実・公正に業務を行い、顧客の最善の利益を図るべきである。金融事業
　　　者は、こうした業務運営が企業文化として定着するよう努めるべきであ
　　　る。
原則3．金融事業者は、取引における顧客との利益相反の可能性について正確
　　　に把握し、利益相反の可能性がある場合には、当該利益相反を適切に管
　　　理すべきである。金融事業者は、そのための具体的な対応方針をあらか

じめ策定すべきである。

原則4．金融事業者は、名目を問わず、顧客が負担する手数料その他の費用の詳細を、当該手数料等がどのようなサービスの対価に関するものかを含め、顧客が理解できるよう情報提供すべきである。

原則5．金融事業者は、顧客との情報の非対称性があることを踏まえ、上記原則4に示された事項のほか、金融商品・サービスの販売・推奨等に係る重要な情報を顧客が理解できるよう分かりやすく提供すべきである。

原則6．金融事業者は、顧客の資産状況、取引経験、知識及び取引目的・ニーズを把握し、当該顧客にふさわしい金融商品・サービスの組成、販売・推奨等を行うべきである。

原則7．金融事業者は、顧客の最善の利益を追求するための行動、顧客の公正な取扱い、利益相反の適切な管理等を促進するように設計された報酬・業績評価体系、従業員研修その他の適切な動機づけの枠組みや適切なガバナンス体制を整備すべきである。

1）適切である。上記参照。

2）適切である。上記参照。

3）不適切である。金融事業者は、取引における顧客との利益相反の可能性について正確に把握し、利益相反の可能性がある場合には、当該利益相反を適切に管理すべきであるとされている。

4）適切である。上記参照。

正解　3）

第2章

預金・為替業務

2－1　取引時確認手続（犯罪収益移転防止法）

《問》犯罪収益移転防止法上の取引時確認等における次の㋐～㋒の確認事項のうち、申告を受ける方法のみにより確認できる事項を挙げたものはどれか。1）～4）のなかから選びなさい。なお、本問における「自然人」は日本国籍を有し国内に住居を有する者であり、また、「法人」は日本国内に本店の所在地のある株式会社であるものとする。

㋐　顧客が自然人である場合における氏名、住居、生年月日
㋑　顧客が自然人である場合における職業
㋒　顧客が法人である場合における商号および本店の所在地
㋓　顧客が法人である場合における事業の内容

1）㋑のみ
2）㋓のみ
3）㋑、㋓
4）㋐、㋑、㋒

・解説と解答・

㋐　申告を受ける方法のみによることはできない。顧客が自然人である場合の本人特定事項である氏名、住居、生年月日については、本人確認書類等所定の書類の提示を受ける方法等により確認を行わなければならない（犯罪収益移転防止法4条1項1号、同法施行規則6条1項1号）。

㋑　申告を受ける方法のみによることができる（犯罪収益移転防止法4条1項3号、同法施行規則10条1号）。

㋒　申告を受ける方法のみによることはできない。顧客が法人である場合の本人特定事項である商号および本店の所在地については、所定の書類の提示を受ける方法等により確認を行わなければならない（犯罪収益移転防止法4条1項1号、同法施行規則6条1項3号）。なお、顧客が自然人であるか法人であるかを問わず、取引の目的を確認する必要があるが、取引の目的の確認は、当該顧客またはその代表者等から申告を受ける方法のみによることができる（犯罪収益移転防止法4条1項2号、同法施行規則9条）。

㋓　申告を受ける方法のみによることはできない。顧客が法人である場合の事

　業の内容については、定款、設立の登記に係る登記事項証明書等の所定の書類のいずれかまたはその写しを確認する方法により確認を行わなければならない（犯罪収益移転防止法4条1項3号、同法施行規則10条2号）。
したがって、1）が正解となる。

<u>正解　1）</u>

2－2　犯罪収益移転防止法上の実質的支配者

《問》犯罪収益移転防止法に基づく法人（上場会社を除く株式会社とする）の取引時確認における実質的支配者に関する次の記述のうち、最も不適切なものはどれか。

1）その株式会社の議決権の総数の25％を超える議決権を直接または間接に有していると認められる自然人は、原則として実質的支配者とされる。

2）株式会社Aにおいて議決権の30％を直接保有する個人Mと議決権の55％を直接保有する個人Nがいる場合、個人Mおよび個人Nの2人が実質的支配者とされる。

3）議決権保有割合の定めによる実質的支配者がいない場合で、出資、融資、取引その他の関係を通じて当該法人の事業活動に支配的な影響力を有すると認められる自然人がいる場合は、当該自然人が実質的支配者とされる。

4）株式会社Bが上場会社Xの100％子会社である場合、株式会社Bに係る実質的支配者の判定において株式会社Bは、自然人とみなされる。

・解説と解答・

1）適切である（犯罪収益移転防止法4条1項4号、2項3号、同法施行令12条3項3号、同法施行規則11条2項1号）。

2）不適切である。個人Mは株式会社Aの議決権を直接25％を超えて（30％）保有しているが、他の者（本問の場合は個人N）が50％超保有しているため、実質的支配者には該当しない（犯罪収益移転防止法4条1項4号、2項3号、同法施行令12条3項3号、同法施行規則11条2項1号）。

3）適切である（犯罪収益移転防止法4条1項4号、2項3号、同法施行令12条3項3号、同法施行規則11条2項2号）。

4）適切である（犯罪収益移転防止法4条1項4号、2項3号、同法施行令12条3項3号、同法施行規則11条4項、2項）。なお上場会社が含まれる「国等」の定義については、同法4条5項、同法施行令14条5号参照。

正解　2）

2-3　疑わしい取引の届出

《問》K銀行P支店の自然人である顧客A名義の普通預金口座についての「疑わしい取引の届出」に関する次の記述のうち、最も適切なものはどれか。

1）A名義預金口座について疑わしい取引の届出を行う場合、あらかじめA名義預金口座につき支払停止の措置を講じることは届出の要件とされていない。
2）A名義預金口座について疑わしい取引の届出を行う場合、A名義預金口座に関して単に犯罪による収益である疑いがあるというだけでは足りず、具体的な特定の犯罪の存在が確認でき、その犯罪による収益との関係が明確であることが要件とされている。
3）A名義預金口座について疑わしい取引の届出を行う場合、届出を行おうとすることをAまたはAの関係者に漏らしてはならないが、届出を行った後にその旨をAに通知しなければならない。
4）A名義預金口座が、多額の入金が行われた直後に多数の者に対して頻繁に送金を行うという取引を繰り返している口座である場合、疑わしい取引に該当する可能性のある取引として特に注意を払うべき取引類型には当たらない。

・解説と解答・

1）適切である。犯罪収益移転防止法上、疑わしい取引の届出を行うにあたって、当該口座の支払停止の措置をとることは要件とされていない。
2）不適切である。A名義預金口座について疑わしい取引の届出を行う場合、A名義預金口座に関して犯罪による収益である疑いがあることが要件となるが、この要件を満たすためには、犯罪収益であるとの疑いを生じさせる程度のなんらかの犯罪の存在の疑いがあれば足り、具体的な特定の犯罪の存在が確認できることまでは必要とされていない（JAFIC「犯罪収益移転防止法の概要」14）。
3）不適切である。疑わしい取引の届出を行う場合、届出を行おうとすることまたは届出を行ったことを、AまたはAの関係者に漏らしてはならない（犯罪収益移転防止法8条4項）。なお、個人情報保護法においては、あらかじめ本人の同意を得ずに個人データを第三者に提供できないとされてい

るが、法令に基づく場合は例外とされており、疑わしい取引の届出は、法令に基づく場合としてあらかじめ本人の同意を得ないで、個人データを第三者に提供できる（個人情報保護法27条1項1号）。

4）不適切である。金融庁「疑わしい取引の参考事例（預金取扱い金融機関）」の「第3　口座の利用形態に着目した事例」(4)に該当するケースである。

　　金融庁「疑わしい取引の参考事例（預金取扱い金融機関）」では、①「第1　現金の使用形態に着目した事例（多量の少額通貨（外貨を含む）により入金または両替を行う取引など）」、②「第2　真の口座保有者を隠匿している可能性に着目した事例（架空名義口座または借名口座であるとの疑いが生じた口座を使用した入出金など）」、③「第3　口座の利用形態に着目した事例（多数の者に頻繁に送金を行う口座に係る取引。特に、送金を行う直前に多額の入金が行われる場合など）」、④「第4　債券等の売買の形態に着目した事例（大量の債券等を持ち込み、現金受渡しを条件とする売却取引など）」、⑤「第5　保護預り・貸金庫に着目した事例（頻繁な貸金庫の利用など）」、⑥「第6　外国との取引に着目した事例（短期間のうちに頻繁に行われる他国への送金で、送金総額が多額にわたる取引など）」、⑦「第7　融資及びその返済に着目した事例（延滞していた融資の返済を予定外に行う取引など）」、⑧「第8　その他の事例（公務員や会社員がその収入に見合わない高額な取引を行う場合など）」などが挙げられている。

正解　1）

2－4　預金者保護①（偽造・盗難キャッシュカードによる預金の不正な払戻し）

《問》K銀行の預金口座につき偽造カードや盗難カードによりＡＴＭから払戻しが行われた場合に関する次の記述のうち、預金者保護法に照らし、最も不適切なものはどれか。

1) 偽造カードによりＡＴＭから預金の払戻しが行われた場合、その払戻しが預金者の故意により行われたものであるときは、当該払戻しは、その効力を有する。
2) 偽造カードによりＡＴＭから預金の払戻しが行われた場合、K銀行が善意かつ無過失で、その払戻しが預金者の重大な過失により行われたときは、当該払戻しは、その効力を有する。
3) 盗難カードによりＡＴＭから預金の払戻しが行われたと顧客が主張する場合、その払戻しが盗難カードを用いて行われた不正なものでないことをK銀行が証明したときは、K銀行は補てんの責任を負わない。
4) 盗難カードによりＡＴＭから預金の払戻しが行われた場合、K銀行が善意かつ無過失で、その払戻しが預金者の過失により行われたことをK銀行が証明したときは、預金者の過失の程度にかかわらず、K銀行は補てんの責任を負わない。

・解説と解答・

　預金者保護法は、正式には「偽造カード等及び盗難カード等を用いて行われる不正な機械式預貯金払戻し等からの預貯金者の保護等に関する法律」といい、偽造・盗難カード等を用いたＡＴＭからの不正な預金払戻し被害について、個人預貯金者の保護を図ることなどを目的としている（同法1条、2条2項）。

1) 適切である（預金者保護法4条1項）。当該払戻しは有効とされる。
2) 適切である（預金者保護法4条1項）。当該払戻しは有効とされる。
3) 適切である（預金者保護法5条2項）。
4) 不適切である。盗難カードによる払戻しについては、金融機関が善意かつ無過失で、その払戻しが預金者の重大な過失により行われた場合は、金融機関は補てんを行うことを要しないとされている（預金者保護法5条3項

１号イ）。しかしながら、金融機関が善意かつ無過失で、その払戻しが預金者の過失により行われたものであることを証明した場合であっても、その過失が重大な過失には当たらないときは、金融機関は補てん対象額の４分の３に相当する金額を補てんするものとされている（同法５条２項ただし書）。

正解　４）

2－5　預金者保護②（盗難通帳による預金の不正な払戻し）

《問》盗難通帳による預金の不正な払戻しが行われた場合の預金者の被害
　に対する補償に関する次の記述のうち、全国銀行協会が平成20年2
　月19日付で「預金等の不正な払戻しへの対応について」として公表
　した申し合わせの内容に照らし、最も適切なものはどれか。
1）預金者が盗難通帳による預金の不正な払戻しの被害について補てん
　を請求するための要件の1つとして、警察署に被害届を提出してい
　ることその他の盗難に遭ったことが推測される事実を確認できるも
　のを金融機関に示していることが挙げられる。
2）盗難通帳による預金の不正な払戻しが行われたことについて、金融
　機関側が善意かつ無過失である場合には、預金者は被害について補
　てんを受けることができない。
3）預金者は、盗難通帳による預金の不正な払戻しが行われたことにつ
　いて自らに過失がなかったことを立証しなければ、被害について補
　てんを受けることができない。
4）不正な払戻しがあった預金について、預金者が届出印の印影が押印
　された払戻請求書・諸届を通帳とともに保管していた場合には、預
　金者の重大な過失となりうる場合に当たり、預金者は被害について
　補てんを受けることができない。

・解説と解答・

1）適切である。通帳の盗難に気づいてからすみやかに、金融機関への通知が
　行われていること、金融機関の調査に対し十分な説明が行われているこ
　と、警察署に被害届を提出していることその他の盗難に遭ったことが推測
　される事実を確認できるものを金融機関に示していることが、請求の要件
　として定められている（全国銀行協会「普通預金規定（個人用）〔参考
　例〕」9(1)①から③）。
2）不適切である。全国銀行協会の申し合わせは、金融機関の善意かつ無過失
　を前提として、預金者の過失の有無やその程度等により金融機関の補てん
　割合を定めたものである（全国銀行協会「預金等の不正な払戻しへの対応
　について」1.盗難通帳による預金等の不正払戻しへの対応）。
3）不適切である。預金者の過失の有無や程度についての立証責任は金融機関

に転換されており、顧客の保護に重点を置いた取決めとなっている（全国銀行協会「普通預金規定（個人用）〔参考例〕」9(2)ただし書、同(4)）。

4）不適切である。設問の場合は、預金者の過失となりうる場合に当たる（全国銀行協会「重大な過失または過失となりうる場合」2(2)）。金融機関が善意・無過失であり、預金者に過失（重過失を除く）があることを証明した場合は、補てん対象額の4分の3に相当する金額を補てんすることになる（全国銀行協会「普通預金規定（個人用）〔参考例〕」9(2)ただし書）。なお、預金者の配偶者等、預金者と一定の関係を有する者により当該払戻しが行われた場合等は補てんの対象とならない（同9(4)①Ｂ）。

<u>正解　1）</u>

2-6 振り込め詐欺救済法①

《問》K銀行P支店にあるA名義の普通預金口座が振り込め詐欺に利用されている旨の情報の提供が警察からあったので、P支店では直ちに当該口座に係る取引の状況等の調査を開始した。この場合におけるK銀行の対応等に関する次の㋐～㋓の記述のうち、振り込め詐欺救済法に照らし、適切なものはいくつあるか。1）～4）のなかから選びなさい。

㋐ K銀行は、A名義預金口座について、捜査機関等からの不正利用に関する情報提供があることその他の事情を勘案して犯罪利用預金口座等である疑いがあると認めるときは、当該預金口座等に係る取引の停止等の措置を適切に講ずるものとされている。

㋑ K銀行は、A名義預金口座につき取引の停止等の措置を講じていない場合であっても、預金保険機構に対し、A名義預金口座に係る預金債権の消滅手続の開始に係る公告をすることを求めることができる。

㋒ K銀行は、A名義預金口座に係る預金債権の消滅手続の開始に係る公告において定められた権利行使の届出等の期間内に、当該預金口座に係る振込利用犯罪行為により被害を受けた旨の申出をした者があるときは、その者に対し被害回復分配金の支払の申請に関し利便を図るための措置を適切に講ずるものとされている。

㋓ K銀行は、A名義預金口座に係る預金債権が消滅したときは、預金債権の消滅の公告および被害回復分配金の支払手続の開始に係る公告を、自ら行う必要がある。

1）1つ
2）2つ
3）3つ
4）4つ

・解説と解答・

　振り込め詐欺救済法は、預金口座等への振込を利用して行われた詐欺等の犯罪行為による被害者の財産的被害の迅速な回復等に資することを目的としてい

る（同法 1 条）。この法律により、金融機関は被害者が振り込んだ口座を凍結（利用停止）し、被害者は、申請により、その被害額や凍結された口座の残高に応じて、被害額の全部または一部を被害回復分配金として受けることができる。

⑦　適切である（振り込め詐欺救済法 3 条 1 項）。

⑦　不適切である。金融機関は、捜査機関等からの預金口座等の不正利用に関する情報提供、預金口座等の取引状況等の調査結果などから、その預金口座等が、振り込め詐欺に利用されている口座、すなわち「犯罪利用預金口座等」であると疑うに足りる相当な理由があると認めるときは、速やかに、次のような対応をとらなればならない（振り込め詐欺救済法 4 条 1 項）。

①　当該預金口座等について、現に取引の停止等の措置が講じられていない場合は、当該措置を講ずる。

②　①とともに預金保険機構に対し、当該預金口座等に係る預金等に係る債権について、債権の消滅手続の開始に係る公告をすることを求める。

　　ただし、当該預金口座等につき、払戻しの訴えが提起されているとき、強制執行が行われているとき等は除かれる（同条 2 項）。よって①の措置を講じることなく②の公告を求めることはできない。

⑦　適切である（振り込め詐欺救済法 5 条 1 項 5 号、 4 項）。

⑤　不適切である。当該預金口座等に係る預金債権が消滅した場合に、その旨の公告を行うのは預金保険機構であり（振り込め詐欺救済法 7 条）、また、被害回復分配金の支払手続の開始に係る公告は、金融機関の求めに基づき預金保険機構が行うものである（同法10条 1 項、11条 1 項）。

したがって、正解は 2 ）となる。

正解　2 ）

2 - 7　振り込め詐欺救済法②

《問》K銀行P支店にあるA名義の普通預金口座が振り込め詐欺に利用されている旨の情報が警察から提供されたので、P支店では直ちに当該口座について取引停止の措置を講じるとともに、当該口座の取引状況等について調査したところ、他の金融機関からの多数の振入入金に係る振込依頼人は、いずれも振り込め詐欺の被害者である可能性が高いと認められた。この場合のK銀行の対応等に関する次の記述のうち、振り込め詐欺救済法に照らし、最も不適切なものはどれか。

1）K銀行は、当該預金口座等が犯罪利用預金口座等であると疑うに足りる相当な理由があると認める場合には、原則として、預金保険機構に対し、当該預金口座等に係る預金等に係る債権の消滅手続の開始に係る公告をすることを求める必要がある。

2）K銀行は、当該預金口座等に係る資金を移転する目的で利用されたと疑うに足りる相当な理由がある他の金融機関の預金口座等があると認めるときは、当該他の金融機関に対し所定の事項を通知する必要がある。

3）K銀行は、当該預金口座等に係る預金債権が消滅した場合には、預金債権が消滅した旨の公告および被害回復分配金の支払手続の開始に係る公告を、自ら行う必要がある。

4）K銀行は、支払該当者として決定された者の総被害額が、消滅する預金債権額を超える場合には、当該預金債権額を原資として、各支払該当者に係る犯罪被害額の総被害額に対する割合により按分した被害回復分配金を、各支払該当者に支払うことになる。

●解説と解答●

1）適切である（振り込め詐欺救済法 4 条 1 項 1 号、 2 号、 4 号）。

2）適切である（振り込め詐欺救済法 4 条 3 項）。

3）不適切である。当該預金口座等に係る預金債権が消滅した場合に、その旨の公告を行うのは預金保険機構であり（振り込め詐欺救済法 7 条）、また、被害回復分配金の支払手続の開始に係る公告は、K銀行の求めに基づき預金保険機構が行うものである（同法10条 1 項、11条 1 項）。

4）適切である（振り込め詐欺救済法16条1項、2項）。

正解　3）

2－8　預金保険制度①

《問》預金保険機構が運営主体である預金保険制度に関する次の記述のうち、最も適切なものはどれか。

1）「決済用預金」としてその全額が預金保険の保護対象となる預金は、「無利息」、「要求払い」、「決済サービスを提供できること」の3つの要件をすべて満たす預金である。

2）自己宛小切手を振り出した金融機関が、その小切手の決済前に破綻した場合は、自己宛小切手の代り金は小切手発行依頼人の預金とみなされて、他の預金と名寄せされ1金融機関ごとに預金者1人当たり元本1,000万円までと破綻日までの利息等が預金保険の保護対象となる。

3）金融機関の破綻前に預金者が死亡し、被相続人名義のままとなっている預金で、各相続人の相続分が確定している場合は、被相続人の預金として名寄せされたものが預金保険の保護対象となる。

4）外国に本店がある金融機関の在日支店に預入された預金は、円貨建ての普通預金や定期預金であれば預金保険の保護対象となる。

・解説と解答・

1）適切である（預金保険機構「預金保険制度の解説」（以下、「同解説」という）1⑷ロ.）。

2）不適切である。金融機関が振り出した自己宛小切手に係る債務は「決済債務」としてその全額が保護される（同解説1⑷ハ.「全額保護される決済債務の例」3．金融機関の自己宛小切手に係る取引内容）。

3）不適切である。破綻前に被相続人が死亡した場合、相続分が確定しているときは、被相続人の預金等は、相続人の預金等として相続分に応じて分割のうえ、各相続人自身の他の預金等と合算されて名寄せされる（同解説2⑴イ.）。

4）不適切である。わが国の預金保険制度の対象となる金融機関からは、預金保険法の施行地外に本店を有するものが除かれており（預金保険法2条1項）、日本国内に本店を有しない外国の金融機関の在日支店に預入された預金は預金保険の保護対象とならない（同解説1⑶）。

正解　1）

2－9　預金保険制度②

《問》預金保険制度に関する次の記述のうち、最も適切なものはどれか。

1）預金保険発動の原因となる保険事故には、第一種保険事故（金融機関の預金等の払戻しの停止）と、第二種保険事故（金融機関の営業免許の取消し、事業免許の取消し、解散の命令、破産手続開始の決定または解散の決議）の２つがある。

2）金融機関が破綻して預金保険機構が資金援助方式による保護を行う場合、預金者は、救済金融機関等が合併等を行うまでの間、付保預金額の範囲内であっても破綻金融機関から預金等の払戻しを受けることはできない。

3）金融機関が破綻した場合、預金者が破綻金融機関に対して借入金債務を負っているときであっても、預金者による付保対象預金以外の預金債権と当該借入金債務の相殺は預金保険機構により禁止される。

4）金融機関が破綻して預金保険機構が名寄せを行う場合、破綻前に預金者が死亡したときは、当該預金について各相続人に帰属する相続分が確定しているか否かにかかわらず、被相続人の預金として名寄せされる。

・解説と解答・

1）適切である（預金保険法49条２項、預金保険機構「預金保険制度の解説」（以下、「同解説」という）３⑴）。

2）不適切である。預金者は、救済金融機関等が合併等を行うまでの間も、付保預金額の範囲内で破綻金融機関から預金等の払戻しを受けることができる（同解説３⑶イ．）。

3）不適切である。預金者が破綻金融機関に対して借入金債務を負っている場合には、相殺の対象となる借入金について、特約により相殺が禁止されている場合等を除き、預金等の債権により相殺できる。預金保険機構が相殺を禁止することはない（同解説４⑵）。

4）不適切である。破綻前に被相続人が死亡した場合、相続分が確定しているときは、被相続人の預金等は、相続人の預金等として相続分に応じて分割のうえ、各相続人の他の預金等と合算されるが、相続分が未確定であると

きは、各相続人自身の預金等のみで名寄せを行い、その後、遺産分割協議の終了等により相続分が確定した時点で、改めて名寄せを行う（同解説 2 (1)イ.）。

<u>正解　1）</u>

2−10　導入預金

《問》K銀行P支店の支店長Sは、有力取引先Aから、新規で5,000万円の定期預金を預け入れる知人Bを紹介するので、知人Cに3,000万円の無担保融資をしてほしいとの依頼を受けた。Sは、事前にB・Cに面談した際に、今回の依頼に係る取引についてA・B・Cの間で何らかのリベートの受渡しがあるのではないかとの印象を得ていたが、Aが有力取引先であることから、BおよびCとの間で当該取引を行うこととした。この場合に関する次の記述のうち、最も不適切なものはどれか。

1）融資を受けたCがK銀行の既存融資取引先であっても、導入預金に係る要件を満たしている場合には、Bとの預金取引は導入預金に該当する。

2）仮に、K銀行がCへの融資の担保としてBの定期預金につき質権の設定を受けていた場合であっても、Bとの預金取引は導入預金に該当する。

3）Bとの預金取引が導入預金に該当する場合であっても、私法上の効力としては、当該預金契約は有効である。

4）Bとの預金取引が導入預金に該当する場合、Sだけではなく、K銀行も刑事罰の対象となる。

・解説と解答・

1）適切である。導入預金が成立する要件として、①預金者がその預金について特別の金銭上の利益を得る目的があること、②預金を受け入れた銀行がその預金を担保にとることなく預金者の指定する第三者に貸付または債務保証をすること、③預金者がその第三者と通じていること、のすべてが満たされる必要がある（預金等に係る不当契約の取締に関する法律2条）。融資を受ける者が銀行の既存融資先であることは、導入預金成立の要件に影響を及ぼさない。

2）不適切である。導入預金の成立要件は1）の解説のとおりであり、Bの定期預金が融資の担保として提供された場合には成立しない。

3）適切である。導入預金に該当する場合であっても、当該預金契約の私法上の効力には影響を及ぼさないとするのが通説・判例の立場である（最二小

判昭49.3.1)。

4）適切である（両罰規定。預金等に係る不当契約の取締に関する法律5条1
　　項1号、3条、6条1項)。

正解　2)

2－11 協力預金の受入れ

《問》K銀行P支店は、業績不振のG社から申出を受けた4,000万円の融資を自ら実行することができないので、K銀行の親密ノンバンクL社をG社に紹介し、G社がL社から5,000万円の融資を受けることとし、その見返りに1,000万円の定期預金を協力預金としてG社から受け入れる予定である。この場合に関する次の㋐〜㋒の記述のうち、適切なものはいくつあるか。

㋐　K銀行がL社からの借入金を原資として、G社から定期預金1,000万円の預入を受けたとしても、G社が承諾したうえでなされたものであれば、なんらコンプライアンス上の問題は生じない。

㋑　親密ノンバンクL社を利用した協力預金の受入れは、K銀行の優越的地位の濫用とされ、独占禁止法で禁止されている不公正な取引方法に該当する可能性がある。

㋒　G社にとっては希望する資金調達が実現し、また、L社は融資金の増強、P支店は預金の増強が図れることになるので、当事者それぞれにメリットがあり、なんらコンプライアンス上の問題は生じない。

1) 1つ
2) 2つ
3) 3つ
4) 0（なし）

・解説と解答・

㋐　不適切である。本スキームではG社に必要以上の金利負担を強いることとなり、K銀行による優越的地位の濫用として、独占禁止法で禁止されている不公正な取引方法に該当する可能性がある。単にG社の納得ということのみでは、K銀行による優越的な地位の濫用に該当する可能性を否定することはできない。また、担当者は浮貸し（出資法にいう金銭貸借の媒介）に該当する可能性もある。

㋑　適切である。

㋒　不適切である。㋐の解説のとおり、K銀行による優越的地位の濫用、浮貸

　しに該当する可能性がある。

　したがって、適切なものは1つ。

正解　1)

2－12　職員の業務上横領

《問》K銀行P支店の渉外担当者Sが、担当先のG社から預金口座に入金
するために預かった現金100万円を、G社の預金口座に入金せず、
返済期限が到来していたS自身の消費者金融からの借入金返済に
充当していたことが判明した。Sから相談を受けて事情を知ったS
の親が直ちに100万円を弁償し、K銀行は、Sが100万円を預かった
日付を入金日として、2日遅れでG社の口座に入金した。K銀行の
調査の結果によると、Sが行った不正行為はこの1件だけである。
この場合におけるSまたはK銀行の責任等に関する次の⑦～⑤の
記述のうち、適切なものをすべて挙げた組合せはどれか。1）～
4）のなかから選びなさい。

⑦　Sの行為によりG社に損害が発生した場合、Sは、その損害につ
いて民事上の損害賠償責任を負う。

⑦　2日遅れとはいえG社の預金口座に入金がされ、また、Sに他の
不正行為がなく、本件の額が少額であることから、Sは、刑事責任
を問われることはない。

⑤　Sの行為によりG社に損害が発生した場合、K銀行は、その損害
について使用者責任に基づく損害賠償責任を問われることがある。

⑤　Sの行為によりG社に損害が発生していない場合、2日遅れとは
いえG社の預金口座に入金がされ、また、Sに他の不正行為がなく、
本件の額が少額であることから、K銀行は、金融庁長官（財務局長、
財務支局長）に届出を行う必要はない。

1）⑦、⑤
2）⑦、⑤
3）⑦、⑤
4）⑦、⑤、⑤

・解説と解答・

⑦　適切である。G社に損害が発生した場合には、Sは、その損害について民
事上の損害賠償責任を負う（不法行為責任。民法709条）。

⑦　不適切である。G社から預金口座への入金資金として預かった現金を、自

　己の借入金返済に充当した時点で、窃盗罪（刑法235条）または業務上横領罪（同法253条）が成立するので、Sは同罪の既遂犯として刑事上の責任を問われる可能性がある。

㋒　適切である。被用者が事業の執行について第三者に加えた損害に対しては、使用者も賠償責任を問われる（使用者責任。民法715条1項）ことから、K銀行は、その損害について使用者責任に基づく損害賠償責任を問われる可能性がある。

㋓　不適切である。Sの行為は、「銀行の業務を遂行するに際しての詐欺、横領、背任その他の犯罪行為」に該当し、その額のいかんにかかわらず、金融庁長官（財務局長、財務支局長）に届出をしなければならない（銀行法53条1項8号、59条、同法施行令17条の2第1項5号、同法施行規則35条1項38号、9項1号）。

したがって、1）が正解となる。

<u>正解　1）</u>

2−13 当座勘定規定における暴力団排除条項

《問》K銀行では、全国銀行協会が2011年6月2日付で「当座勘定規定に盛り込む暴力団排除条項参考例」として公表した内容を、当座勘定規定に定めている。同条項に基づきK銀行が行う当座勘定取引の解約に関する次の記述のうち、最も不適切なものはどれか。なお、当座勘定規定の内容は、顧客に十分に周知されているものとする。

1）当座勘定取引先が、かつては暴力団員であり、暴力団員でなくなった時から5年を経過していない者であることが判明した場合、当座勘定取引を解約できる。

2）当座勘定取引先が、第三者を利用して法的な責任を超えた不当な要求行為を行った場合、当座勘定取引を解約できる。

3）当座勘定取引先が、第三者の不正な利益を図る目的をもって、不当に暴力団員等を利用していると認められる関係を有することが判明した場合、当座勘定取引を解約できる。

4）当座勘定取引先が、自ら取引に関して脅迫的な言動をした場合は当座勘定取引を解約できるが、第三者を利用して取引に関して脅迫的な言動をした場合は、当座勘定取引を解約できない。

・解説と解答・

1）適切である。本人が「暴力団員等」に該当する場合は当座勘定取引を解約できるが、この「暴力団員等」とは、「暴力団、暴力団員、暴力団員でなくなった時から5年を経過しない者、暴力団準構成員、暴力団関係企業、総会屋等、社会運動等標ぼうゴロまたは特殊知能暴力集団等、その他これらに準ずる者」をいう（当座勘定規定参考例24条2項2号柱書）。したがって、暴力団員でなくなった時から5年を経過していない者であることが判明した場合には、当座勘定取引を解約できる。

2）適切である（当座勘定規定参考例24条2項3号柱書、同号B）。

3）適切である（当座勘定規定参考例24条2項2号C）。

4）不適切である。当座勘定取引先が、自らまたは第三者を利用して、取引に関して脅迫的な言動をし、または暴力を用いる行為をした場合は当座勘定取引を解約できる（当座勘定規定参考例24条2項3号柱書、同号C）。

正解 4）

2-14　被相続人に関する名義預金の取引履歴開示請求等

> 《問》 K銀行P支店の預金取引先Aが死亡した。相続人は、Aの子である
> B、C、D、Eの4名である。Aの遺言はなく、相続人間での遺産
> 分割協議は難航していて未成立である。この場合において、相続人
> からの請求等に対するP支店次長Qの対応等に関する次の記述の
> うち、最も不適切なものはどれか。なお、Aの遺言がないことおよ
> びB、C、D、Eの4名がAの相続人であることの確認には問題が
> ないものとする。
>
> 1）Bから、相続発生時点において存在するA名義預金の残高証明書発
> 行依頼を受け、それに応じた。
> 2）Cから、相続発生時点において存在するA名義預金の2年分の取引
> 履歴開示請求を受け、それに応じた。
> 3）Dから、相続人間での遺産分割協議が成立するまでの間、相続人の
> 一部から残高証明書の発行依頼や取引履歴開示請求があっても、全
> 相続人がそれに同意していない場合にはいっさい応じないでほしい
> との申出を受け、それに応じた。
> 4）Eから、相続発生時点の10年以上前に既に口座解約されていたA名
> 義預金について、全取引履歴の開示と、その取引履歴のうち50万円
> 以上の払戻しに係る伝票写しの交付請求を受け、それを謝絶した。

・解説と解答・

1）適切である。被相続人の預金取引について、相続発生時点での残高証明書
発行は相続財産の内容把握に不可欠であり、共同相続人の誰でも単独で発
行請求できる（最一小判平21.1.22）。

2）適切である。預金者の共同相続人の一人は、共同相続人全員に帰属する預
金契約上の地位に基づき、被相続人名義の預金口座の取引経過（履歴）の
開示を求める権利を単独で行使することができる（最一小判平21.1.22）。

3）不適切である。残高証明書の発行依頼や取引履歴開示請求は、共同相続人
は誰でも単独で行うことが可能である。1）、2）の解説を参照。

4）適切である。預金契約解約後は、元預金者の相続人に対しては、当該預金
契約の取引履歴開示義務を負わないとする裁判例があり（東京高判平
23.8.3）、仮に信義則上の開示義務を一定の範囲で認めるとしても、本選

択肢の開示等の請求に応じる法的義務は、一般的には認められない。

正解　3）

2 −15　代筆等の対応

> 《問》K銀行では、障がい者等に配慮した金融サービスを提供するため、自筆が困難な障がい者等（以下、「自筆困難者」という。）が預金取引を行うために来店した場合の代筆についての取扱規定を定めている。K銀行の代筆に係る取扱いに関する次の記述のうち、金融庁の監督指針に照らして、最も不適切なものはどれか。
>
> 1）自筆困難者が単独で来店した場合は、代筆を依頼できる親族等と再度来店してもらうことを求めることはせず、K銀行の職員が代筆（複数の職員が確認するものとする）することとしている。
>
> 2）自筆困難者が同行した者に代筆を依頼し、同行した者が代筆した場合は、K銀行の職員が複数で代筆内容を確認し、確認した事実を記録として残すこととしている。
>
> 3）自筆困難者が、ヘルパーと同行したものの、その同行者に代筆を依頼する意思を有していない場合は、当該同行者に代筆を依頼するよう自筆困難者を説得することとしている。
>
> 4）K銀行の職員が代筆した場合は、複数の職員が確認したうえで、その確認をしたという事実を記録に残すこととしている。

・解説と解答・

1）適切である（主要行等向けの総合的な監督指針Ⅲ−6−4−2(2)①イ.a.ⅱ）（注2）、中小・地域金融機関向けの総合的な監督指針も同旨、以下同じ）。

2）適切である（主要行等向けの総合的な監督指針Ⅲ−6−4−2(2)①イ.b.ⅱ））。

3）不適切である。自筆困難者が、例えばヘルパー等の同行者に、代筆を依頼する意思がない場合、当該同行者に代筆を依頼するよう求めるのではなく、銀行の職員が代筆することとされている（主要行等向けの総合的な監督指針Ⅲ−6−4−2(2)①イ.a.ⅱ）（注3））。

4）適切である（主要行等向けの総合的な監督指針Ⅲ−6−4−2(2)①イ.b.ⅲ））。

正解　3）

2－16　高齢者との預金取引

《問》K銀行P支店における高齢者との預金取引への対応に関する次の記述のうち、最も不適切なものはどれか。

1）意思能力に疑義のある高齢者との取引にあたっては、複数の職員で対応するとともに、取引以外に関することを含めてさまざまな話をするように努め、当該内容を記録することにしている。

2）面談を通じて意思能力がないと判断される高齢者との取引を行う必要がある場合には、その家族等に対し成年後見制度等の利用について紹介している。

3）高齢の夫の入院費用に充てるとの理由で、その妻から夫名義の預金口座の払戻請求を受けた場合は、入院先への訪問などにより夫の意向等の確認に努めるとともに、その確認が困難なときは、病院が発行した請求書に基づき直接病院に振り込むなどの方法により対応することとしている。

4）意思能力に疑義のある高齢者の場合であっても、本人が通帳と届出印章を持参して払戻請求をしたのであれば、民法478条に定める「受領権者としての外観を有する者に対する弁済」として有効であるので、特に問題とすることなくそれに応じることとしている。

・解説と解答・

1）適切である。当該高齢者の意思能力の有無や程度を判断するためには、客観的な判断に資するよう、複数の職員で面談を行い、本人にできるだけ多くのことを話してもらい、後の立証に備えて記録するなどの対応が必要となる。

2）適切である。取引の相手方に意思能力がないと判断される場合には、その家族等に対し成年後見制度等を利用してもらうよう勧めることも検討すべきである。なお、既に本人の意思能力がない場合、任意後見制度を勧めることは不適切。

3）適切である。預金者本人の意向・状況の確認に努めるとともに、意思確認が困難な場合には、真に預金者のために必要な払戻しであったことを後日客観的に証明できるような方法で対応すべきである。なお、判例は「民法761条は、夫婦が相互に日常の家事に関する法律行為につき他方を代理す

る権限を有することをも規定しているものと解するのが相当である」としている（民法761条、110条、最一小判昭44.12.18民集第23巻12号2476頁）。当該取引等の参考となるよう、一般社団法人全国銀行協会より、2021年2月18日に「金融取引の代理等に関する考え方および銀行と地方公共団体・社会福祉関係機関等との連携強化に関する考え方（公表版）」が公表されている。

4）不適切である。民法478条の適用があるのは預金者本人以外の者に対する払戻しの場合であり、本選択肢のケースとは異なる。預金の払戻請求は法律行為であるから、預金者本人が意思無能力者である場合は、その払戻請求は無効であり、また、これに伴う弁済の受領も無効となるので、十分に留意して対応する必要がある（民法3条の2）。

<u>正解　4）</u>

2－17　外国籍の者との預金取引

《問》外国籍の者（外国人）との預金取引にあたって金融機関に求められ
る対応に関する次の⑦〜⑨の記述のうち、適切なものはいくつある
か。

⑦　金融機関は、出入国管理及び難民認定法（入管法）の改正により
創設された在留資格（特定技能１号および特定技能２号）を有する
者および技能実習生が円滑に預貯金口座を開設できるようにするた
めの取組みを進めていく必要がある。

⑦　金融機関は、日本国内にある事務所に勤務しているが、入国後６
カ月以上経過するに至っていない外国人に対して、通常の預金口座
を開設することはできない。

⑨　金融機関は、外国人が預金口座の開設を行う場合、在留カード等
の提示を受けて、在留資格・在留期間等の確認を行うことが重要で
ある。

1）　1つ
2）　2つ
3）　3つ
4）　0（なし）

・解説と解答・

　2018年12月に出入国管理及び難民認定法（入管法）が改正され（2019年4月
施行）、新たな在留資格である「特定技能1号」および「特定技能2号」が創
設された（出入国管理及び難民認定法2条の5、別表第一の二の表の特定技能
の項の下欄第一号、二号）。当該在留資格は、我が国が直面する中小企業・小
規模事業者をはじめとした人手不足の深刻化に対応するため、一定の専門性・
技能を有し、即戦力となる外国人材を幅広く受け入れるために創設されたもの
である。

　政府は、入管法改正を踏まえ、2018年12月に「外国人材の受入れ・共生のた
めの総合的対応策」をとりまとめ（定期的にフォローアップ、改訂が行われて
いる）、今後、日本人と外国籍の者が安心して安全に暮らせる社会の実現を目
指して取り組むことにしている。そのなかで、金融機関に対して、①新たな在

留資格を有する者および技能実習生が円滑に口座を開設できるための取組みを実施すること、②多言語対応の充実や、口座開設にあたっての在留カードによる本人確認等の手続の明確化など、銀行取引における外国籍の者の利便性向上に向けた取組みを行うことを要請している。

　犯罪収益移転防止法等では、取引時確認の方法として、在留カードにより、在留資格や就業制限の有無、在留期間などを確認することは、口座開設時に申告された取引目的の真偽や合理性の判断に資するものであり、外国籍の者に対する顧客管理上も重要である（犯罪収益移転防止法施行規則7条4号）。

　日本へ入国後6カ月以上経過するに至っていない外国人は、日本国内にある事務所に勤務していない限り、原則として外国為替及び外国貿易法上の非居住者として取り扱われる（大蔵省通達昭和55年11月29日付蔵国第4672号「外国為替法令の解釈及び運用について」6－1－5、6の1⑵イ㈣）。非居住者については、通常日本人が保有している預金口座（居住者円預金口座）を開設することができず、非居住者円預金口座を開設しなければならない。

　以上により、㋐および㋒は正しいが、㋑は滞在期間が6カ月以上を経過するに至っていなくても、日本国内にある事務所に勤務する者は、居住者として扱われるので、日本人と同様に、通常の預金口座（居住者円預金口座）を開設できる点が誤りである。

　したがって、適切なものは2つ。

<u>正解　2）</u>

2－18　預金の差押え①（定期預金）

《問》K銀行P支店に、取引先Aを差押債務者、Aの債権者であるBを差
　　押債権者として、Aの定期預金債権全額に対して差押えの効力が及
　　ぶ内容の債権差押命令が裁判所から送達された。この場合に関する
　　次の記述のうち、最も適切なものはどれか。
1）差押命令は、差押債務者であるAと第三債務者であるK銀行に送達
　　されることになっているので、AとK銀行の両者に送達されてはじ
　　めてその効力を生ずる。
2）P支店に送達されたのが差押命令・転付命令であった場合には、第
　　三債務者であるK銀行に送達された時に、差押命令、転付命令とも
　　に、その効力を生ずる。
3）Aの定期預金債権につき差押えが競合した場合、当該定期預金の弁
　　済時が到来したときは、K銀行は、Aの定期預金債権の全額に相当
　　する金銭を供託所に供託するかどうかを任意に決めることができ
　　る。
4）当該差押命令に陳述の催告書が添付されていた場合、K銀行は、差
　　押命令の送達の日から2週間以内に、差押えに係る債権の存否等所
　　定の事項につき陳述を行わなければならない。

・解説と解答・

1）不適切である。差押命令は、差押債務者であるAと第三債務者であるK銀
　　行に送達されるが、効力を生ずるのは第三債務者であるK銀行に差押命令
　　が送達された時である（民事執行法145条3項、5項）。
2）不適切である。差押命令は第三債務者に送達された時に効力を生ずるが、
　　転付命令は確定しなければ効力を生じない（民事執行法145条5項、159条
　　5項）。
3）不適切である。Aの定期預金債権につき差押えが競合した場合、当該定期
　　預金の弁済期が到来したときは、Aの定期預金債権の全額に相当する金銭
　　を、供託所に供託しなければならない（民事執行法156条2項。義務供託）。
4）適切である（民事執行法147条1項）。なお、差押命令に陳述の催告書が添
　　付されていた場合、第三債務者が、故意または過失により、陳述をしな
　　かったとき、または不実の陳述をしたときは、これによって生じた損害を

賠償する責任を負う（同法147条 2 項）。

正解　4)

2－19　預金の差押え②（普通預金）

《問》K銀行P支店に、取引先Aを差押債務者、Aの債権者であるBを差
押債権者として、Aの預金債権に対する債権差押命令が裁判所から
送達され、AのP支店での預金取引では普通預金全額が対象となっ
た。この場合に関する次の記述のうち、最も適切なものはどれか。

1）当該差押命令による弁済禁止の効力は、差押債務者であるAに差押
命令が送達された時に生ずる。

2）仮に、K銀行に送達されたのが差押命令・転付命令であった場合、
差押命令、転付命令ともに、転付命令が確定しなければ効力を生じ
ない。

3）当該差押命令に陳述の催告書が添付されていた場合、この陳述はあ
くまでも債権の存否等に関する参考意見を提供するものにすぎない
ため、K銀行は、陳述を行わなくても損害賠償責任を負うことはな
い。

4）K銀行は、当該預金債権について差押えが競合していない場合で
も、差し押さえられた預金債権全額に相当する金銭を供託所に供託
することができる。

・解説と解答・

1）不適切である。当該差押命令による弁済禁止の効力は、差押命令が第三債
務者（K銀行）に送達された時に生ずる（民事執行法145条1項、5項）。

2）不適切である。転付命令は確定しなければ効力を生じないが、差押命令に
ついては第三債務者に送達された時に効力を生ずる（民事執行法145条5
項、159条5項）。

3）不適切である。陳述の催告については、第三債務者（K銀行）は、故意ま
たは過失により、陳述をしなかったとき、または不実の陳述をしたとき
は、これによって生じた損害を賠償する責めに任ずるとされている（民事
執行法147条2項）。

4）適切である。第三債務者（K銀行）は、債権の全額の差押えを受けたとき
は、差押債権の全額に相当する金銭を供託所に供託することができる（な
お、債権の一部の差押えを受けたときは、差押債権の全額に相当する金銭
を供託することも、差し押さえられた部分に相当する金銭だけを供託する

こともできる）。これを権利供託という（民事執行法156条1項）。

正解　4）

2－20　不渡事由と不渡情報登録等

《問》K銀行P支店の当座勘定取引先A振出の約束手形が呈示された場合における不渡事由や不渡情報登録の取扱いに関する次の記述のうち、最も適切なものはどれか。なお、選択肢１）～３）の呈示は交換呈示であるものとする。

1）当該手形の不渡事由として第１号不渡事由である「資金不足」と第２号不渡事由である「偽造」とが重複した場合は、第１号不渡事由が優先するので、第１号不渡情報登録を要する。

2）当該手形が行内交換手形であった場合は、当該手形の不渡事由が「資金不足」であるときでも、不渡情報登録は不要である。

3）Aに関して同一交換日に係る不渡情報登録が２件あった場合は、不渡情報登録の回数としては２回として計算される。

4）交換所は、支払銀行から不渡情報登録が行われた場合、電子交換所システムにより、持出銀行に通知するものとされている。

・解説と解答・

1）不適切である。第１号不渡事由と偽造・変造以外の第２号不渡事由とが重複した場合は、第１号不渡事由が優先し第１号不渡情報登録によることになるが、第１号不渡事由と第２号不渡事由である偽造・変造とが重複した場合は、第２号不渡情報登録による（電子交換所規則施行細則（以下、「同施行細則」という）33条２項２号ただし書）。

2）不適切である。行内交換手形である場合も、不渡情報登録を行う必要がある（同施行細則31条１項２号、33条１項２号）。

3）不適切である。同一交換日に係る不渡情報登録が複数件あった場合でも、不渡情報登録の回数としては１回として計算される（同施行細則32条５項）。

4）適切である（電子交換所規則40条、同施行細則31条５項）。

正解　4）

2−21　当座勘定取引先の死亡と生前振出小切手の支払

《問》K銀行P支店の当座勘定取引先Aの相続人から、K銀行P支店に対し、Aが死亡したとの連絡があった後に、Aが生前に振り出した小切手が交換呈示された。この場合における当該小切手の支払に関する次の記述のうち、最も適切なものはどれか。
 1 ）小切手法によれば、振出人Aが死亡した場合、Aが生前に振り出した小切手は無効となる。
 2 ）当座勘定規定によれば、Aとの当座勘定取引契約は、Aの死亡によって終了せず、Aの相続人に承継される。
 3 ）当座勘定規定によれば、振出人Aが死亡した場合、Aが生前に振り出した小切手については支払義務を負わない。
 4 ）当座勘定規定および電子交換所規則によれば、振出人Aが死亡した場合、Aが生前に振り出した小切手については、「振出人等の死亡」を事由として不渡返還し、かつ、異議申立手続をとらなければならない。

・解説と解答・

 1 ）不適切である。小切手法上は、小切手振出の後に振出人が死亡しても小切手の効力に影響を及ぼさないとされている（小切手法33条）。
 2 ）不適切である。当座勘定取引の支払委託契約の部分については、準委任契約の性質を有し、Aの死亡によって終了するものと解されている（民法656条、653条1号）。
 3 ）適切である。当座勘定規定上は当該小切手を支払うべき義務を負わない（全国銀行協会「当座勘定規定ひな型」24条1項）。小切手法上は、小切手振出の後に振出人が死亡しても小切手の効力に影響を及ぼさないとされている（小切手法33条）が、当座勘定取引の支払委託契約の部分についてはAの死亡によって終了したと解される（民法656条、653条1号）。したがって、相続人から特別の申出のない限り、振出人死亡後に交換呈示された小切手については、原則として「振出人等の死亡」を事由として（0号不渡事由）、不渡返還することになる（電子交換所規則施行細則33条1項1号③）。実務的には、銀行に準委任の終了後の応急処分義務があるので（民法656条、654条）、相続人（共同相続の場合は相続人全員）に支払の意

思を確認し、相続人から支払の意思表示があった場合には支払をするという対応が通常である。

4）不適切である。「振出人等の死亡」は0号不渡事由であり、不渡情報登録を要しない。したがって、異議申立手続をとる必要もない。3）の解説参照。

正解　3）

2－22　振込の取消し・組戻しと資金返却

《問》振込依頼人の振込依頼または仕向銀行の振込通知が誤っていた場合
における仕向銀行の対応と被仕向銀行の資金返却に関する次の記
述のうち、最も不適切なものはどれか。なお、振込金が受取人口座
に入金記帳済みの場合については、当該口座に振込金相当額の預金
残高が存在するものとする。

1）仕向銀行が振込通知を誤って重複発信した場合、取消手続によるこ
とができ、取消しの通知を受けた被仕向銀行は、受取人口座に入金
記帳済みであっても、受取人の承諾を得ることなく資金を返却する
ことができる。

2）仕向銀行が受取人名の表示を誤って発信した場合、取消手続による
ことができ、取消しの通知を受けた被仕向銀行は、受取人口座に入
金記帳済みであっても、受取人の承諾を得ることなく資金を返却す
ることができる。

3）振込依頼人が仕向銀行に誤った振込依頼をしたことによる誤振込の
場合、組戻しの依頼を受けた被仕向銀行は、受取人口座に入金記帳
前であるときは、受取人の承諾を得ることなく資金を返却すること
ができる。

4）振込依頼人が仕向銀行に誤った振込依頼をしたことによる誤振込の
場合、組戻しの依頼を受けた被仕向銀行は、受取人口座に入金記帳
済みであるときは、受取人の承諾が得られなければ資金を返却する
ことができない。

・解説と解答・

1）適切である。全国銀行内国為替制度に定める振込の「取消事由」は、①重
複発信、②受信金融機関名・店名相違、③通信種目コード相違、④金額相
違、⑤取扱日相違の5つであり、かつ、仕向金融機関は、これらの事由に
よる誤った振込通知を発信した日の翌営業日までに取消依頼ができるもの
とされている。なお、仕向銀行からこの取消通知があった場合、被仕向銀
行では、受取人である預金者の承諾なしに振込入金の取消しが可能となる
よう、預金規定において手当されている。

　重複発信は取消しの対象となる事由であり、取消通知による場合は、受

取人口座に入金記帳済みであっても、受取人の承諾を得ることなく資金を返却することができる（全国銀行協会「普通預金規定ひな型」3条2項）。

2）不適切である。受取人名の誤表示は、取消しの対象となる事由には含まれていない。1）の解説参照。

3）適切である。振込依頼人の誤った依頼を原因とする組戻しは、振込に係る委任者からの準委任契約の解除（民法656条、651条1項）と解され、受取人口座に入金処理前であれば、振込に係る委任事務が終了しておらず、被仕向銀行と受取人の預金契約も成立していないので、受取人の承諾を得ることなく資金を返却することができる。

4）適切である。入金処理により委任事務は終了しているので、その委任契約の解除を行うことはできず、また、被仕向銀行と受取人の預金契約が成立しているので、受取人の承諾が得られなければ資金を返却することができない。

正解　2）

2－23　振込遅延による損害賠償

《問》K銀行P支店の店頭で受け付けた電信振込依頼の為替通信処理を係員が失念し、通常の処理をすれば受付当日のうちに受取人口座に入金されるはずであったものが2営業日後の入金となってしまったため、振込依頼人に損害が生じた。この場合におけるK銀行の法的責任に関する次の記述のうち、最も適切なものはどれか。

1）指定された受取人口座に振込金が入金された以上は、入金までに余分に時間がかかった点については謝罪を要するものの、K銀行は損害賠償責任を負うことはない。
2）K銀行の振込規定において、為替通信処理が遅れた場合の銀行の損害賠償義務について明示の規定がある場合に限り、K銀行は損害賠償責任を負う。
3）振込依頼を受け付けた際に、振込依頼人に対し、為替通信処理の時期等について特段の約束をしていないのであれば、K銀行は損害賠償責任を負うことはない。
4）K銀行は、振込依頼人に対し、善良な管理者としての注意をもって振込事務を処理すべき義務を負っているので、原則として、通常生ずべき損害の賠償責任を負う。

・解説と解答・

1）不適切である。受け付けた電信振込依頼については、やむを得ない事由がある場合を除き受付当日中に（旧振込規定（ひな型）4条1項1号）、かつ極力速やかに為替通信処理すべき義務を負っている。K銀行は、それを怠っている以上、振込依頼人に損害が生じた場合には損害賠償責任を負う可能性がある。
2）不適切である。K銀行は速やかな為替通信処理を怠ったのであるから、振込規定における損害賠償義務についての明示の規定の有無にかかわらず、損害賠償責任が生ずる可能性がある。
3）不適切である。振込依頼人からは2営業日後の振込処理の依頼を受けたものではなく、受付当日中（やむを得ない事由がある場合は翌営業日中）に為替通信処理すべきものであり（旧振込規定（ひな型）規定4条1項1号）、為替通信の遅延により損害賠償責任が生ずる可能性がある。

4）適切である。振込における振込依頼人と仕向銀行の関係は（準）委任関係
　　にあり、仕向銀行は善管注意義務を負っていることから（民法656条、644
　　条）、設問の場合は、債務不履行による損害賠償として通常生ずべき損害
　　を賠償する責任を負う（民法415条1項、416条1項）。

正解　4）

2－24　株式払込みの仮装

《問》K銀行P支店の支店長Sが、G株式会社（以下、「G社」という）
の設立に関して株式払込取扱いに係る委託を受けた場合に関する
次の記述のうち、最も適切なものはどれか。
1 ）G社の設立が発起設立の場合、払込取扱金融機関となったK銀行の
払込金保管証明書がなければ、G社は設立の登記ができない。
2 ）G社の設立が募集設立の場合、払込取扱金融機関となったK銀行の
口座の預金通帳の写しなどの払込みがあったことを証する書面がな
ければ、G社は設立の登記ができない。
3 ）K銀行が払込取扱金融機関として払込金保管証明書を発行した場
合、K銀行は、成立後のG社から当該保管証明書において証明した
金額の保管金返還請求を受けたときには、現実に払込みがなかった
ときであっても、それを拒絶することができない。
4 ）G社の発起人が、預合いによる仮装払込みに基づき発行されたK銀
行の払込金保管証明書を添付して設立の登記を行い、Sが仮装払込
みについて事情を知っていた場合でも、Sは刑事罰の対象とならな
い。

• 解説と解答 •

1 ）不適切である。払込取扱金融機関が払込金保管証明書を発行しなければな
らないのは、募集設立の場合に限られる。払込金保管証明書は、株式会社
の募集設立の場合に限り、設立登記申請書の添付書面として必要とされて
いる（商業登記法47条2項5号（括弧書き）、会社法64条1項）。発起設立
の場合は、設立登記申請書の添付書面として必要とされているのは「払込
みがあったことを証する書面」であり（商業登記法47条2項5号本文）、
払込金保管証明書ではなく、設立時代表取締役または設立時代表執行役の
作成に係る払込取扱機関に払い込まれた金額を証明する書面に、払込取扱
機関における口座の預金通帳の写し等を合てつしたもので足りる（商業登
記法47条2項5号本文、平18.3 .31民商第782号通達「会社法の施行に伴
う商業登記事務の取扱いについて」第2部第1　2(3)オ参照）。
2 ）不適切である。1 ）の解説参照。
3 ）適切である。払込金保管証明書を発行した金融機関は、現実に払込みがな

かったことや、払込金の返還について制限する特約があったこと等の事由をもって、成立後の株式会社に対抗することができない（会社法64条2項）。

4）不適切である。発起人は預合罪、Ｓは応預合罪に問われる可能性がある（会社法965条）ほか、発起人は公正証書原本不実記載罪または電磁的公正証書原本不実記録罪として、Ｓはその共犯として、刑事罰の対象となる可能性がある（刑法157条1項）。

<u>正解　3）</u>

2-25　貸金庫内容物に対する差押え

《問》K銀行P支店の手動型貸金庫利用先Aを差押債務者、Aの債権者B
　　を差押債権者として、AがK銀行に対して有する貸金庫内容物の引
　　渡請求権の差押命令が、裁判所からP支店に送達された。この場合
　　に関する次の記述のうち、最も適切なものはどれか。
　1）Aの貸金庫の内容物の全部が経済的にまったく価値のないもので
　　　あった場合は、Aから開函請求があったときは、それに応じること
　　　ができる。
　2）Bが貸金庫内の貴金属に対象動産を特定して引渡請求権の差押えを
　　　行った場合において、執行官の執行がされる前に、Aから貸金庫内
　　　にある貴金属以外のものを持ち出したいとのことで開函請求があっ
　　　たときは、それに応じることができる。
　3）当該差押命令の執行が完了するまでは、Aから開函請求があって
　　　も、それに応じることができない。
　4）執行官による執行に際しては、K銀行が自ら貸金庫の内容物を取り
　　　出して執行官に交付する必要がある。

・解説と解答・

1）不適切である。貸金庫内容物の引渡請求権の差押えがあった場合、K銀行
　は、Aの求めに応じて貸金庫の内容物を取り出すことのできる状態にする
　ことをいっさい禁止されるので、開函、内容物の引渡しを行うことはでき
　ない。また、利用者が複数の貸金庫の利用計画を締結していた場合、差押
　命令等において限定されていない限り、差押えの効力は、利用契約済貸金
　庫内にあるすべての内容物（の引渡請求権）に及ぶことになるので注意が
　必要である。

2）不適切である。貸金庫内容物の引渡請求権は、性質上不可分のものであ
　り、その一部の差押えをすることはできないと解されており、Bが貴金属
　に限定して引渡請求権の差押命令を申し立てた場合であっても、差押命令
　の効力は貸金庫内容物のすべてに及ぶ（最二小判平11.11.29）。したがっ
　て、Aの開函の目的や理由のいかんを問わず、開函に応じてはならない。

3）適切である。1）の解説参照。

4）不適切である。銀行は、貸金庫室に執行官を入室させたうえ、貸金庫契約

の定めるところにより執行官が貸金庫内に在る動産を取り出すことができる状態にする方法により引き渡しを行う（上記2）の判例の別紙二「引渡方法の表示」参照）。

正解　3）

2−26　代金取立手形

《問》K銀行P支店における代金取立手形（確定日払の約束手形）の取扱いに関する次の⑦〜⑦の記述のうち、適切なものはいくつあるか。1）〜4）のなかから選びなさい。

⑦　P支店は、取立依頼人AがP支店に取立代り金を入金すべき預金口座を有しておらず、また、本人であることの確認が困難であったので、Aの取立依頼に応じないこととした。

⑦　P支店は、取立依頼人Aが取引先であったので取立依頼に応ずることとしたが、取立依頼を受けた当該手形の振出日が白地のままであったので、それをAに補充してもらうこととした。

⑦　P支店を支払場所とする代金取立手形が資金不足を事由として不渡となった場合、当該手形が電子交換所を経由せずに支払呈示されたときであっても、P支店は、電子交換所に不渡情報登録を行う必要がある。

1）1つ
2）2つ
3）3つ
4）なし

・解説と解答・

⑦　適切である。代金取立手形の取立依頼を受けた金融機関は、取立依頼人が正当な権利者であることの確認手段として、取立代り金を依頼人名義の預金口座に入金することが必要である。したがって、取引先以外からの取立依頼には原則として応ずるべきではない。

⑦　適切である。振出日や受取人が白地で手形要件を欠いたままの状態で取立依頼を受け、そのまま支払呈示して不渡となると、適法な支払呈示がなされていないことから、手形所持人は遡求権を保全することができなくなる。当座勘定規定や代金取立規定では、銀行は手形の白地補充義務を負わないとして、取立依頼人に対して手形要件の白地はあらかじめ補充するよう求める規定を置いている。したがって、銀行は法的に白地補充義務や白地補充を促す義務を負っているわけではないが（為替手形の取立委任につき最三小判昭

　55.10.14)、円滑な事務の遂行上、取立依頼人に対して白地補充を求めることが望ましい。

ⓦ　適切である。いわゆる直送代手のように、委託銀行から支払銀行に直接送付して取り立てる場合であっても、当該手形が不渡となったときには不渡情報登録の対象とされている（電子交換所規則施行細則31条1項2号）。

　したがって、適切なものは3つであり、3）が正解となる。

<u>正解　3）</u>

第3章

融資業務

3－1　融資における優越的地位の濫用

《問》K銀行P支店の融資担当者Sの既存融資先G社に対する次の㋐～㋓
の行為のうち、独占禁止法において禁止されている「不公正な取引
方法」に該当する可能性が高いと考えられるものはいくつあるか。
1）～4）のなかから選びなさい。

㋐　G社から貸出の条件変更（元本弁済期日の延長）の申出を受け、
G社との十分な協議の結果、その同意を得て、この申出を受け入れ
る条件としてG社所有不動産について新たに根抵当権の設定を受け
た。

㋑　G社に対する追加融資にあたって、G社における役員の選任につ
いて、あらかじめK銀行の指示に従うべきことを融資の条件とした。

㋒　G社に対する追加融資にあたって、G社における既存債務の圧縮
と、G社内の余剰人員を整理することを融資の条件とした。

㋓　G社に対し、他の金融機関から借入れを行う場合にはK銀行の今
後の貸出条件等が不利になることがある旨を示唆して、他の金融機
関からの借入れをしないように求めた。

1）　1つ
2）　2つ
3）　3つ
4）　4つ

・解説と解答・

㋐　該当しないと考えられる。金融機関が融資先のリスケジュールに応じる条
件として担保設定を要請し、融資先との十分な話合いとそれに基づく合意が
ある場合には、優越的地位の濫用（独占禁止法2条9項5号イからハ．）に
当たるものではない。

㋑　該当する可能性が高い。公正取引委員会「不公正な取引方法」の一般指定
13項は、「自己の取引上の地位が相手方に優越していることを利用して、正
常な商慣習に照らして不当に、取引の相手方である会社に対し、当該会社の
役員の選任についてあらかじめ自己の指示に従わせ、又は自己の承認を受け
させること」を「取引の相手方の役員選任への不当干渉」としている。

㋒　該当しないと考えられる。貸出先の役員選任を通じてではなく、債務の圧縮や人員の整理等を貸出条件とすることで経営に関与することは、一般には、貸出債権保全の観点から合理的であり、かつ、貸出先の経営の安定に資することが期待されることから、原則として、不公正な取引方法には該当しない。

㋓　該当する可能性が高い。金融機関の影響力を背景として、借手企業に対して、自己または自己の関連会社等の競争者と取引しないようにさせる場合には、借手企業は取引先選択の自由を制限され、当該金融機関またはその関連会社等の競争者の取引機会が減少するおそれがあるので、公正取引委員会「不公正な取引方法」の一般指定11項（排他条件付取引）に該当する可能性が高い。

　以上のとおり、該当する可能性が高いと考えられるものは2つであり、正解は、2）となる。

<u>正解　2）</u>

3−2　独占禁止法に抵触する行為

《問》K銀行P支店における融資先G社との取引と独占禁止法に関する次の記述のうち、最も不適切なものはどれか。

1) G社からの追加融資申込みに対して、K銀行の証券子会社の取り扱う有価証券の購入等を要請し、これに従うことを事実上余儀なくさせることは、抱き合わせ販売等に抵触するものとして、独占禁止法上問題とされる。

2) G社からの追加融資申込みに対して、K銀行の持株会社の傘下にある証券子会社と競争関係にある者との取引をしないことを要請し、これに従うことを事実上余儀なくさせることは、取引妨害または排他的条件付取引として独占禁止法上問題とされるが、K銀行がK銀行の持株会社と共同して当該行為を行った場合、独占禁止法上問題とされるのはK銀行であり、持株会社が問題とされることはない。

3) G社からの追加融資申込みに対して、通常であれば行われない融資またはG社にとって著しく有利な条件による融資を約束することにより、K銀行の証券子会社との取引を誘引することは不当な利益による顧客誘引として、独占禁止法上問題とされる。

4) G社からの追加融資申込みに対して、G社の従業員との保険契約の成立について目標を設定するとともにその達成を要請し、G社が目標達成に向けた対策を講じることを事実上余儀なくさせることは、取引強制または優越的地位の濫用として、独占禁止法上問題とされる。

・解説と解答・

1) 適切である（公正取引委員会「金融機関の業態区分の緩和及び業務範囲の拡大に伴う不公正な取引方法について」(2011年6月23日改正) 第2部―第1-1(1)-(2))。

2) 不適切である。独占禁止法上、K銀行が問題とされるとともに、K銀行と持株会社が共同して当該行為を行ったと認められるときは、持株会社にも独占禁止法が適用されることになる（公正取引委員会「金融機関の業態区分の緩和及び業務範囲の拡大に伴う不公正な取引方法について」(2011年6月23日改正) 第2部―第1-2(2))。

3）適切である（公正取引委員会「金融機関の業態区分の緩和及び業務範囲の拡大に伴う不公正な取引方法について」（2011年6月23日改正）第2部─第1-3(1)）。

4）適切である（公正取引委員会「金融機関の業態区分の緩和及び業務範囲の拡大に伴う不公正な取引方法について」（2011年6月23日改正）第2部─第2-2(1)イ）。

<u>正解　2）</u>

3－3　金利規制

《問》K銀行P支店の貸付の適用利率等と利息制限法上の金利の上限等に
　　　関する次の記述のうち、最も不適切なものはどれか。なお、顧客
　　　A、B、C、Dはいずれも事業性の資金をK銀行P支店より借入れ
　　　するものとする。

1）顧客Aに対して、20XX年9月11日に返済期限を1年後として、元
　本60万円の貸付と元本80万円の貸付を同時に2口行う場合、当該2
　口の貸付に係る金利の上限は、それぞれ年率15％である。

2）顧客Bに対して、20XX年3月10日に返済期限を1年後として元本
　60万円の貸付を行った後、20XX年9月11日に返済期限を1年後と
　して元本80万円の貸付を行う場合、当該80万円の貸付に係る金利の
　上限は、年率15％である。

3）顧客Cに対して、20XX年9月11日に返済期限を1年後として元本
　150万円、金利を年率8％とする貸付を行う場合、顧客Cが当該貸
　付について保証会社に対して支払う保証料を元本の3％としたとき
　には、当該保証料のうちの「元本の1％に相当する部分」は無効と
　なる。

4）顧客Dに対して、20XX年9月11日に返済期限を1年後として元本
　150万円の貸付を行うにあたり、金利を年率10％、遅延損害金を年
　率20％とする合意をした場合、遅延損害金に関する当該合意は有効
　である。

・解説と解答・

1）適切である。利息制限法上、金融機関が行う営業的金銭消費貸借につい
　て、同時に2以上の貸付を行った場合、貸付元本を合算して上限金利の基
　準元本を算定することとなっている（同法5条2号）。本選択肢において
　は、合算後の元本の額が100万円以上となることから、上限金利は年率
　15％（同法1条3号）となる。

2）適切である。利息制限法上、金融機関が行う営業的金銭消費貸借につい
　て、借主が既に負担している貸付がある場合には、その元本と合算して上
　限金利の基準元本を算定することとなっている（同法5条1号）。本選択
　肢においては、合算後の元本の額が100万円以上となることから、当該貸

付の上限金利は年率15％（同法１条３号）となる。なお、既存の貸付の適用金利を15％以下に引き下げる必要はない。

3）不適切である。利息制限法上、金融機関が行う営業的金銭消費貸借上の債務を主たる債務とする保証がされた場合における保証料の契約は、その保証料が当該主たる債務の元本に係る法定上限額から当該主たる債務について支払うべき利息の額を減じて得た金額を超えるときは、その超過部分について無効となる（同法８条１項）。本選択肢の場合、元本が150万円であるので、金利と保証料を合わせて15％までは有効である。

4）適切である。利息制限法上、金融機関が行う営業的金銭消費貸借上の債務の不履行による賠償額の予定の上限は、出資法の上限金利（同法５条２項）と平仄をとり、年率20％となっている（利息制限法７条１項）。

正解　3）

3－4　融資の斡旋と浮貸し

《問》K銀行P支店の支店長Sは、取引先G社から2,000万円の融資の申込みを受けたが、G社の信用状態や担保余力等を考慮すると、K銀行としては融資申込みに応じることは不可能であると判断した。Sは、G社の社長Aとは親しい間柄であったことから、G社の利益を図ることが自己の利益にも繋がると考えて、G社の資金調達に尽力することとし、P支店の個人取引先で大口預金者であるBに対し、「2,000万円の融資を受けたいと言っている人がいるので、融資してやってほしい。これに応じれば高利での運用にもなる」と話を持ちかけて、G社とBとの間で金銭消費貸借契約を成立させた。この場合に関する次の記述のうち、最も不適切なものはどれか。

1）BのG社に対する融資について、SがG社から金銭による謝礼を受け取っていない場合でも、Sの行為は出資法違反に問われうる。

2）BのG社に対する融資にあたり、G社がBに対して融資額を超える評価額の担保を差し入れるなどして、Bの債権が十分に保全されていた場合には、Sの行為は出資法違反に問われることはない。

3）BのG社に対する融資が、自己資金を融資するのではなく、Sの決裁によりK銀行がBに対して融資を実行し、その資金をBからG社に対して転貸する方式による場合でも、Sの行為は出資法違反に問われうる。

4）仮に、Sが、個人であるBではなく、P支店の別の融資取引先であり十分な資金力を有しているH社に依頼して、H社の自己資金をG社に融資してもらうこととした場合でも、Sの行為は出資法違反に問われうる。

● 解説と解答 ●

1）適切である。金融機関の役職員が、その地位を利用し、自己または当該金融機関以外の第三者の利益を図るため、金銭の貸付、金銭の貸借の媒介または債務の保証をすることは、「浮貸し等」として、出資法により禁止されている（同法3条）。浮貸し等の構成要件として、自己または金融機関以外の第三者の利益を図ることがあるが、ここでいう利益には、手数料などの金銭に限られず、例えば自らの地位の保全を図るといったことも含ま

れる。なお、浮貸し等については、両罰規定の適用はない（出資法9条1項3号かっこ書）。

2）不適切である。Bの債権が十分に保全されていても、Sの行為が浮貸しに当たることには変わりがなく、Sは出資法違反に問われうる（同法8条3項1号または2号）。1）の解説参照。

3）適切である。信用力のある取引先に融資を行って転貸する方式をとった場合であっても、浮貸しの構成要件に該当する。1）の解説参照。

4）適切である。金銭の貸付を行う者が個人であるか法人であるかは、浮貸しの構成要件に影響しない。1）の解説参照。

正解　2）

3－5　公序良俗に反する融資

《問》K銀行P支店の融資担当者Sは、既存取引先で飲食業を営むG社から、飲食店の新店舗の開店資金として5,000万円の融資申込みを受けた。しかし、G社は、飲食店の新店舗を開店する予定はなく、違法な賭博行為を行うカジノの開店資金として使用することを意図していた。Sは、G社の返済能力については特に問題がないと判断し、行内手続に則り決裁を得て融資を実行する予定である。この場合に関する次の記述のうち、最も不適切なものはどれか。

1）Sが融資を実行する前に、G社が資金使途を偽っていることを示唆する情報を得ていた場合は、たとえ収益性・回収可能性にまったく問題がなかったとしても、G社の属性や営業の実態等を調査して情報の真偽が明らかになるまで、融資を実行するべきではない。

2）SがG社の意図を知りながら融資を実行した場合、Sは道義上の責任のみにとどまらず、刑事上の責任を負う可能性がある。

3）Sが事前に十分な注意を尽くしたにもかかわらず、当該融資金が違法なカジノの開店資金のために利用されることをまったく認識できずに融資を実行した場合、その違法な事実が判明した後は、K銀行はG社との取引関係の解消に向けて取り組む必要がある。

4）SがG社の意図を知りながら融資を実行した場合、当該融資が公序良俗に反するとして無効と判断されたときであっても、K銀行のG社に対する融資金の返還請求が否定されることはない。

・解説と解答・

1）適切である。収益性や回収可能性が高いと判断されたからといって、違法行為のために使われることを知りながら融資に応じることは、公共性の原則に反し許されない。融資資金が違法行為に使用されたり、反社会的勢力の活動資金に流れたりするおそれがあることを示唆する情報を得た場合には、それを阻止するべく、事前に営業の実態や会社の属性について十分調査したうえで、当該懸念が払拭できない場合には毅然と謝絶すべきである。

2）適切である。金融機関の担当者が違法な賭博行為を行うカジノ店の開店資金として使用されることを知りながら融資をした場合には、賭博場開帳等

図利罪の幇助について刑事責任を問われる可能性がある（刑法186条2項、62条1項）。

3）適切である。金融機関の担当者が十分な注意を尽くしても、融資金が違法・不正な目的に利用されることを見抜けないこともありうるが、事後的に不適切な実態が判明した場合には、個別の事情を慎重に検討し、資金使途違反、反社会的勢力の排除に係る規定を理由として、融資取引の解消に向けて取り組む必要がある。

4）不適切である。Sが違法な賭博行為を行うカジノ店の開店資金であることを知りながら融資を実行した場合には、本件融資が公序良俗に反するとして無効と判断されたときに（民法90条）、当該融資が不法原因給付（民法708条）に当たり、不法な原因がG社についてのみ存したとはいえないとして、融資金の返還請求が認められない可能性がある。

<u>正解　4）</u>

3－6　融資案件の握り込み

《問》 K銀行P支店の融資課長Sは、取引先G社から3,000万円の融資申
込みを受けた。K銀行の業務規程（行内規程）によれば当該融資申
込みの決裁権限は本店審査部にある。Sは、G社との取引が10年以
上順調に経過していることや、直近3年間のG社の売上推移、収益
推移などを勘案し、本店審査部の決裁は得られるものと判断した。
ところが、Sは、多忙のため、当該融資に係る稟議手続を失念した
まま、申込みどおりの内容で融資を実行してしまった。その後、融
資を実行した翌月の内部監査により稟議書を作成していなかった
ことが発覚し、Sは、支店長Yに報告するとともに、本店審査部の
事後決裁を得た。この場合に関する次の記述のうち、最も不適切な
ものはどれか。

1）G社に対して融資が実行された以上、Sが稟議書を作成していなく
ても、K銀行とG社との融資契約は有効に成立していると考えられ
る。

2）G社に対して融資が実行された以上、当該融資がK銀行の融資基準
を満たしていない場合でも、K銀行とG社との融資契約は有効に成
立していると考えられる。

3）K銀行内部においては、Sの業務規程（行内規程）違反のみなら
ず、支店長Yの管理責任についても問題となりうる。

4）将来、G社の返済が滞り、K銀行に財産上の損害が生じた場合に
は、Sは、稟議書を作成していなかった以上、当然に背任罪として
刑事責任を問われることになる。

・解説と解答・

1）適切である。銀行の内部的な意思形成における手続的瑕疵があったとして
も、設問のような場合には、取引先との間で融資契約は有効に成立してい
ると考えられる。

2）適切である。顧客が知りえない銀行内部の非公表の融資基準は内部的な意
思形成の基準にすぎないので、設問のような場合には、取引先との間で融
資契約は有効に成立していると考えられる。

3）適切である。銀行内部においては、財産上の損害が発生するかどうかにか

かわらず、担当者の業務規程（行内規程）違反のみならず、支店長の管理
責任についても問題となる可能性がある。

4) 不適切である。銀行の従業員が、自己もしくは第三者の利益を図り、また
は銀行に損害を加える目的で、その任務に背く行為をし、銀行に財産上の
損害を加えたときは、その者に背任罪が成立し刑事責任を問われることが
ある（刑法247条）。設問の場合、任務違背行為があり、損害が発生したと
しても、多忙のため稟議書の作成を失念したにすぎず、自己もしくは第三
者の利益を図り、または銀行に損害を加える目的があったとは認められな
いことから、背任罪は成立しない。また、設問の場合、本店審査部の事後
決裁を得たことにより、Ｓの手続上の瑕疵は治癒されたものと考えられ
る。

<u>正解　4)</u>

3－7　稟議違反等の融資

《問》K銀行では、反社会的勢力に対する融資については、金額のいかんにかかわらずいっさいこれを禁止しており、融資の稟議の前に、反社会的勢力であるか否かについて、顧客の氏名・生年月日と自行の反社会的勢力データベースとを突合して事前審査することが内部規程により定められている。K銀行P支店の支店長SがAから運転資金1,000万円の申込みを受けた場合の対応と責任に関する次の記述のうち、最も適切なものはどれか。

1）Aは、P支店に口座を開設しており、既に融資取引もあって、預金も十分ある取引先であったが、K銀行の反社会的勢力データベースに登録されていた。Sは、そのことを知りながら、Aの便宜を図るため、あえてAが反社会的勢力データベースに登録されている事実を無視して、Aに対する融資を実行した。この場合、Aに対する貸付債権が不良債権となっても、Sは、刑事上の責任を問われる可能性はない。

2）事前審査の結果、Aが反社会的勢力であることが判明しなかったため、Sは、Aに対して1,000万円の融資を実行したが、後日、K銀行の反社会的勢力データベースが更新された際に既存の顧客とデータベースとを突合したところ、Aが新たに登録されており、Aが反社会的勢力であることが判明した。この場合、Aに対する貸付債権が不良債権となっても、Sは、このことを理由としてK銀行に対する民事上の損害賠償責任を問われる可能性はない。

3）事前審査の結果、Aが反社会的勢力であることが判明しなかったため、Sは、Aに対して1,000万円の融資を実行したが、実は、K銀行の反社会的勢力データベースにはAが登録されていたのに、事前審査の際にSがAの氏名と生年月日を誤って入力したために、Aが反社会的勢力であることが判明しなかったという経緯があった。この場合、Aに対する貸付債権が不良債権となっても、Sは、銀行の内部規程に基づく責任を問われる可能性はない。

4）事前審査の結果、Aが暴力団員等に当たることが判明したが、Sは、Aから暴力団員等には当たらないAの兄Bを経由した迂回融資の依頼を受け、支店長の決裁権限を利用してBに対する融資を実行

し、内部規程で禁止されている迂回融資を行った。この場合、Bに
対する貸付債権が不良債権となっても、暴力団員等には当たらない
Bに融資を実行しているのであるから、Sは、K銀行に対する民事
上の損害賠償責任を問われる可能性はない。

・解説と解答・

1）不適切である。Sは、行内ルールを無視して、事前審査を行わず、その結果、不良債権を発生させ、銀行に損害を与えているため、背任罪または特別背任罪（刑法247条、会社法960条1項7号）に問われる可能性がある。

2）適切である。Sは、融資の際に、行内ルールを遵守しており、事前審査の段階では、反社会的勢力であることが判明しなかったわけであるから、Sに落ち度はなく、このことを理由としてK銀行に対する民事上の損害賠償責任を問われることはない。なお、K銀行としては、Aが反社会的勢力であることが判明した以上、Aとの取引の解消に努める必要がある。

3）不適切である。事前審査において、Sが手続を誤ったことにより、Aとの取引を排除できず、その結果、Aに対する貸付債権が不良債権となったのであるから、Sは内部規程に基づく責任を問われる可能性がある。

4）不適切である。Sは、行内ルールを無視する迂回融資を行い、その結果、不良債権を発生させ、K銀行に損害を与えていることから、K銀行に対する民事上の損害賠償責任を問われる可能性があり、また、背任罪または特別背任罪（刑法247条、会社法960条1項7号）または浮貸し（出資法3条）として出資法違反の罪（同法8条3項1号または2号）に問われる可能性がある。

正解　2）

3−8 担保評価ミス

《問》K銀行P支店の支店長Yは、不動産業者G社から、住宅開発用の土地の買取資金として5億円の融資の申込みを受けた。Yは、当該土地を融資の担保とすることとし、G社が取得しようとする不動産の鑑定評価が約5億円であったことから、G社の申込みどおり5億円の融資を実行した。ところが、6カ月後に、元本の返済のないままG社が倒産してしまった。この場合におけるYの責任について、次のうち最も適切なものはどれか。

1) 当該土地の客観的な担保価値が約5億円程度であった場合でも、結果として不良債権が発生したときは、Yは、G社に融資を実行したことについて、刑事責任を問われることとなる。

2) 当該土地の客観的な担保価値が約5億円程度であった場合でも、結果として不良債権が発生したときは、Yは、G社に融資を実行したことについて、K銀行に対して民事上の損害賠償責任を負うこととなる。

3) G社が持参した不動産の鑑定評価書はG社が偽造したもので、実は当該土地の融資申込当時における客観的担保価値は約1億5,000万円であり、Yは、当該土地の担保価値が5億円に満たないことをP支店の他の行員から聞いており、G社が取得した鑑定評価書が偽造されている可能性を認識していた。この場合、Yは、G社に融資を実行したことについて、刑事責任を問われる可能性はない。

4) G社が持参した不動産の鑑定評価書はG社が偽造したもので、実は当該土地の融資申込当時における客観的担保価値は約1億5,000万円であり、Yは、当該土地の担保価値が5億円に満たないことをP支店の他の行員から聞いており、G社が取得した鑑定評価書が偽造されている可能性を認識していた。この場合、Yは、G社に融資を実行したことについて、民事上の損害賠償責任を負う可能性がある。

・解説と解答・

1) 不適切である。背任罪（刑法247条）または特別背任罪（会社法960条1項）が成立するためには、融資実行時に自己もしくは第三者の利益を図る

目的または、K銀行に損害を加える目的（図利加害目的）が必要であるが、設問においては、これらの目的が認められないので、背任罪または特別背任罪が成立せず、刑事責任を負わない。

2）不適切である。発生した損害に対する民事上の責任は、Yの故意または過失に基づく違法な行為によって、K銀行に損害が発生したことが必要となるが、本件事案においては、当該土地の客観的な担保価値が約5億円程度あり、融資額が担保されていることから、Yの融資行為が故意、過失に基づく違法な行為とはならず、K銀行に対して民事上の損害賠償責任を負うことはない。

3）不適切である。不動産の鑑定評価額が実際に偽造されたものであり、客観的な裏付けはなく、かつ、その価格が融資額を下回ることについて、鑑定書が偽造されている可能性を認識していたにもかかわらず、あえてこれを無視して融資を実行した場合、G社の利益を図る目的でG社に対する融資を実行したものとして、背任罪（特別背任罪）に問われる可能性がある。

4）適切である。発生した損害に対する民事上の責任について、K銀行から、雇用契約上の債権不履行責任（誠実義務違反、民法415条1項）、あるいは不法行為に基づく損害賠償責任（民法709条）などが追及される可能性がある。

正解　4）

3−9 根抵当権①

《問》K銀行P支店は、新規の取引先G社から融資の申込みを受け、G社所有不動産に根抵当権の設定を受けることを条件として、これに応じることとした。この場合に関する次の記述のうち、最も不適切なものはどれか。

1) 根抵当権の設定にあたっては、被担保債権の範囲を限定することなく、K銀行とG社との間で現在および将来において生ずるいっさいの債権を担保するものとして設定することができる。
2) 根抵当権の設定にあたっては、元本の確定期日を定める必要はない。
3) K銀行は、確定した元本、利息・遅延損害金の全部について、極度額を限度として、その根抵当権を行使できる。
4) K銀行は、元本の確定前であれば、G社の承諾を得て、根抵当権の全部または一部を譲渡することができる。

・解説と解答・

1) 不適切である。根抵当権においては、後順位抵当権者や一般債権者の利益が害されることを防止するために、被担保債権の範囲を限定することが求められている（民法398条の2第2項、3項）。
2) 適切である。根抵当権の担保すべき元本については、その確定すべき期日を定めることができるとされているが（民法398条の6第1項）、元本の確定期日を定めないこともできる。なお、元本確定期日を定める場合は、定めた日から5年以内の期日を定める必要がある（同条3項）。
3) 適切である。根抵当権者は、確定した元本ならびに利息その他の定期金および債務の不履行によって生じた損害の賠償の全部について、極度額を限度として、その根抵当権を行使することができる（民法398条の3第1項）。なお、抵当権については、利息・損害金等の範囲は、満期となった最後の2年分に限定される（同法375条）。
4) 適切である。元本の確定前において、根抵当権者は、根抵当権設定者の承諾を得て、その根抵当権の全部または一部を譲り渡すことができる（民法398条の12第1項、398条の13）。

正解 1)

3－10　根抵当権②

《問》K銀行P支店は、新規の取引先G社から融資の申込みを受け、G社
所有不動産に根抵当権の設定を受け登記を完了することを条件と
して、これに応じることとした。この場合に関する次の記述のう
ち、最も不適切なものはどれか。

1）根抵当権の設定にあたって元本の確定期日を定めなかった場合、K
銀行は、根抵当権の設定の時から3年を経過したときから、当該根
抵当権の担保すべき元本の確定を請求することができる。

2）根抵当権の設定にあたって元本の確定期日を定めなかった場合、G
社は、根抵当権の設定の時から3年を経過したときから、当該根抵
当権の担保すべき元本の確定を請求することができる。

3）当該根抵当権の元本の確定前に、G社が存続会社をH社として吸収
合併された場合、当該根抵当権は、合併の時に存するG社の債務の
ほか、合併後にH社がK銀行との取引で負担する債務を担保する。

4）G社が破産手続開始の決定を受けたときは、原則として、当該根抵
当権の担保すべき元本は確定する。

・解説と解答・

1）不適切である。元本の確定期日を定めなかった場合、根抵当権者であるK
銀行は、いつでも単独で当該根抵当権の担保すべき元本の確定を請求する
ことができ、この場合、根抵当権者の元本確定請求の時に担保すべき元本
は確定する（民法398条の19第2項、3項）。

2）適切である。元本の確定期日を定めなかった場合、根抵当権設定者である
G社は、根抵当権の設定の時から3年を経過したときは、当該根抵当権の
担保すべき元本の確定を請求することができ、この場合、根抵当権設定者
の元本確定請求の時から2週間を経過することによって担保すべき元本は
確定する（民法398条の19第1項、3項）。

3）適切である。元本の確定前にその債務者について合併があったときは、根
抵当権は、合併の時に存する債務のほか、合併後存続する法人または合併
によって設立された法人が合併後に負担する債務を担保する（民法398条
の9第2項）。

4）適切である。債務者または根抵当権設定者が破産手続開始の決定を受けた

ときは、原則として、当該根抵当権の担保すべき元本は確定する。ただし、元本が確定したものとして根抵当権またはこれを目的とする権利を取得した者があるときを除き、破産手続開始の決定の効力が消滅した場合は、担保すべき元本は確定しなかったものとみなされる（民法398条の20第1項4号、2項）。

<u>正解　1）</u>

3-11　第三者保証の原則禁止

《問》K銀行P支店では、取引先であるG社に対して追加融資を行うに際
し、G社のA社長に加え、A社長以外の個人との間で個人連帯保証
契約を締結することを検討している。この場合に関する次の記述の
うち、最も適切なものはどれか。
1）A社長の配偶者BがA社長と共にG社の経営に従事している場合で
あっても、Bを連帯保証人とすることは認められない。
2）A社長の健康上の理由により、G社の事業全体をA社長の長男Cに
承継させることが決まっている場合でも、その時点においてCは経
営者ではないから、Cを連帯保証人とすることは認められない。
3）A社長の友人であり、経営にまったく関与していないDから個人連
帯保証契約の申出があった場合、Dの申出が自発的であることを確
認する必要があるが、この確認は口頭では足りず、K銀行から特段
の説明を受けたうえでD本人が自発的な意思に基づき申出を行った
旨を証した書面の提出を受けるなどにより確認する必要がある。
4）A社長との間で個人連帯保証契約を締結した後、A社長が辞任して
新社長が就任した場合、Aが実質的な経営権を保持しているかどう
かに関わりなく、直ちにAとの間の個人連帯保証契約を終了させな
ければならない。

・解説と解答・

1）不適切である。個人連帯保証契約については、経営者以外の第三者の個人
連帯保証を求めないことが原則であり、監督指針においては、例外的に経
営者以外の第三者との間で個人連帯保証契約を締結する際には、必要に応
じ中小企業庁「信用保証協会における第三者保証人徴求の原則禁止につい
て」における考え方を踏まえていることを要請しているが、原則禁止の例
外として、実質的な経営権を有している者、営業許可名義人、経営者本人
と共に当該事業に従事する配偶者、経営者本人の健康上の理由による事業
承継予定者が連帯保証人となる場合などを挙げている（主要行等向けの総
合的な監督指針Ⅲ—10—2(1)、中小・地域金融機関向けの総合的な監督指
針Ⅱ—11—2(1)）。
2）不適切である。上記1）解説参照。

3）適切である（主要行等向けの総合的な監督指針Ⅲ―3―3―1―2(2)①
　　へ．（注）、中小・地域金融機関向けの総合的な監督指針Ⅱ―3―2―1―
　　2(2)①へ．（注））。

4）不適切である。個人連帯保証契約締結時は経営者であった者（旧経営者）
　　が、後日経営者の地位を退き、経営に実質的に関与しなくなったとして
　　も、監督指針上、直ちに旧経営者との個人連帯保証契約を終了させなけれ
　　ばならないわけではない。なお、監督指針においては、「前経営者から保
　　証契約の解除を求められた場合には、前経営者が引き続き実質的な経営
　　権・支配権を有しているか否か、当該保証契約以外の手段による既存債権
　　の保全の状況、法人の資産・収益力による借入返済能力等を勘案しつつ、
　　保証契約の解除についての適切な判断を行う態勢が整備されているか」
　　が、着眼点の1つとして挙げられている（主要行等向けの総合的な監督指
　　針Ⅲ―3―3―1―2(5)①、中小・地域金融機関向けの総合的な監督指針
　　Ⅱ―3―2―1―2(5)①）。

正解　3）

3－12　経営者保証ガイドライン

《問》「経営者保証に関するガイドライン」（以下、「本ガイドライン」という）、「事業承継時に焦点を当てた「経営者保証に関するガイドライン」の特則」（以下、「本特則」という）、「廃業時における「経営者保証に関するガイドライン」の基本的考え方」（以下、「基本的考え方」という）に関する次の記述のうち、最も不適切なものはどれか。

1）基本的考え方は、主たる債務者が、廃業のために、法的債務整理手続の開始申立てまたは利害関係のない中立かつ公正な第三者が関与する私的整理手続の申立てをこのガイドラインの利用と同時に現に行い、または、これらの手続が係属し、もしくは既に終結している場合を想定している。

2）本ガイドラインの適用対象となる保証契約については、原則として、保証人が個人で、主たる債務者である中小企業・小規模事業者等の経営者であることが要件の1つとなっているが、この場合の経営者には、経営者と共に事業に従事する当該経営者の配偶者は含まれない。

3）本ガイドラインにより保証債務の整理が行われる場合、その債務整理が成立するためには、すべての対象債権者の同意が必要とされる。

4）本特則において、事業承継時の経営者保証の取扱いについては、原則として前経営者、後継者の双方から二重には保証を求めないこととし、後継者との保証契約に当たっては経営者保証が事業承継の阻害要因となり得る点を十分に考慮し保証の必要性を慎重かつ柔軟に判断すること、前経営者との保証契約については、前経営者がいわゆる第三者となる可能性があることを踏まえて保証解除に向けて適切に見直しを行うことが必要であるとしている。

・解説と解答・

1）適切である（「基本的考え方」2）。したがって、基本的考え方は、本ガイドライン第7項「保証債務の整理」に当たって留意すべき点を中心とした内容となっており、廃業時における保証債務整理について手続の明確化を

行っている。なお、「経済財政運営と改革の基本方針2023」（令和5年6月16日閣議決定）および「新しい資本主義のグランドデザイン及び実行計画2023改訂版」（令和5年6月16日閣議決定）において、企業経営者への早期相談の重要性について周知徹底を行うこととされたことを受け、主たる債務者、保証人、対象債権者および保証債務の整理に携わる支援専門家に対し、より一層の周知を行っていく観点から、廃業手続に早期に着手することが、保証人の残存資産の増加に資する可能性があること等を明確化する改定が行われた（令和5年11月）。

2）不適切である。経営者には、実質的な経営権を有している者のほか、営業許可名義人、経営者と共に事業に従事する当該経営者の配偶者、経営者の健康上の理由のため保証人となる事業承継予定者等も含まれるとされている（本ガイドライン3(1)、(2)、「経営者保証に関するガイドラインQ＆A」（以下、「本Q＆A」という）の【A.総論】—Q4）。

3）適切である。法的手続と異なり、その債務整理の成立には、すべての対象債権者の同意が必要であるが、保証人の情報は公表されない（本Q＆Aの【A.総論】—Q5）。

4）適切である。後継者との保証の必要性について慎重かつ柔軟な判断を行うに当たっては、本ガイドライン第4項(2)「対象債権者における対応」に即して検討しつつ、経営者保証の意味（規律付けの具体的な意味や実際の効果、保全としての価値）を十分に考慮し、合理的かつ納得性のある対応を行うことが求められる（本特則2）。

正解　2）

3 −13　個人貸金等根保証契約①

《問》K銀行P支店は、G社との間で融資取引を開始するにあたって、G
　社の代表取締役Aとの間で、個人貸金等根保証契約を締結すること
　とした。この場合に関する次の記述のうち、最も適切なものはどれ
　か。
1 ）Aとの間で締結する個人貸金等根保証契約については、主たる債務
　　者である法人の代表取締役個人との間で締結するものであるので、
　　極度額を定めない個人貸金等根保証契約として締結した場合でも、
　　その効力を生ずる。
2 ）Aとの間で締結する個人貸金等根保証契約については、主たる債務
　　者である法人の代表取締役個人との間で締結するものであるので、
　　元本確定期日を定めずに個人貸金等根保証契約を締結した場合に
　　は、その元本の確定期日は、個人貸金等根保証契約の締結の日から
　　5 年を経過した日となる。
3 ）Aとの間で元本確定期日を定めた個人貸金等根保証契約を締結した
　　後に、G社が破産手続開始決定を受けた場合またはAが破産手続開
　　始決定を受けた場合には、元本確定期日前であっても、個人貸金等
　　根保証契約の元本が確定する。
4 ）Aとの間で締結する個人貸金等根保証契約については、主たる債務
　　者である法人の代表取締役個人との間で締結するものであるので、
　　Aが死亡した場合には個人貸金等根保証契約は当然にAの相続人に
　　承継され、単純承認したAの相続人は、A死亡後に発生したG社の
　　貸金債務に係る保証債務についても履行責任を負う。

・解説と解答・

1 ）不適切である。個人貸金等根保証契約は、貸金等以外の個人根保証契約の
　　一類型であるので、極度額を定めなければ効力を生じない（民法465条の
　　2 第 2 項）。
2 ）不適切である。元本確定期日について定めがない場合は、元本確定期日
　　は、個人貸金等根保証契約の締結の日から 3 年を経過する日となる（民法
　　465条の 3 第 2 項）。この点については、主債務者である法人の代表者が保
　　証人となる場合であっても、特別の例外は認められていない。

3）適切である。個人貸金等根保証契約の元本確定事由として、①債権者が、主たる債務者または保証人の財産について、金銭の支払を目的とする債権についての強制執行または担保権の実行を申し立てたとき（ただし、強制執行または担保権の実行の手続の開始があったときに限る）、②主たる債務者または保証人が破産手続開始の決定を受けたとき、③主たる債務者または保証人が死亡したとき、が挙げられている（民法465条の4）。

4）不適切である。個人貸金等根保証契約の保証人の地位については、一身専属性があるので、相続人がこれを承継することはない。ただし、保証人の死亡により元本が確定することから（民法465条の4第1項3号）、確定の時点で具体的に発生している保証債務については、相続の対象になる（保証人の死亡後に発生した保証債務を相続することはない）。したがって、その限りにおいて、単純承認した相続人は、保証債務の履行責任を負うことになる。

正解　3）

3−14　個人貸金等根保証契約②

《問》K銀行P支店は、G社との間で融資取引を開始するにあたって、G
社の代表取締役Aとの間で個人貸金等根保証契約を締結すること
とした。この場合に関する次の記述のうち、最も不適切なものはど
れか。

1）Aとの間で締結する個人貸金等根保証契約については、極度額を定
めずに締結した場合、無効である。

2）Aとの間で締結する個人貸金等根保証契約において、元本確定期日
の定めがない場合には、元本確定期日は契約締結の日から3年を経
過する日となる。

3）Aとの間で、極度額を2,000万円とする個人貸金等根保証契約の締
結後、元本確定期日の到来により確定した元本の額が2,500万円で
あった場合、Aは、元本2,000万円と、すべての利息・遅延損害金
の合計額について、保証債務の履行責任を負う。

4）Aとの間で、極度額を2,000万円とする個人貸金等根保証契約の締
結後、元本確定期日の到来前にAが死亡し、Aの子であるBとCが
単純承認により共同相続した場合（Aの相続人はBとCのみであ
る）、確定した元本と利息・遅延損害金の合計額が600万円であると
きは、BおよびCは、それぞれ300万円につき保証債務の履行責任
を負う。

・解説と解答・

1）適切である。個人貸金等根保証契約は、極度額を定めなければその効力を
生じない（民法465条の2第2項）。

2）適切である。元本確定期日について定めがない場合は、契約締結の日から
3年を経過する日が元本確定期日とされる（民法465条の3第2項）。

3）不適切である。個人貸金等根保証契約の極度額はいわゆる債権極度額であ
り、元本、利息・遅延損害金などすべてを含んだ保証人に対する請求額の
上限を意味している（民法465条の2第1項）。本選択肢の場合、K銀行
は、元本と利息・遅延損害金を合わせて2,000万円の範囲内で、Aに対し
保証債務の履行を請求することができる。

4）適切である。個人貸金等根保証契約の地位については、一身専属性がある

ので相続人がこれを承継することはないが、保証人の死亡により元本が確定し（民法465条の4第1項3号）、確定の時点で具体的に発生している保証債務については相続の対象になる。したがって、K銀行は、共同相続人に対して、それぞれの法定相続分割合（本選択肢ではB、C各2分の1）に応じた保証債務の履行を請求することができる。

正解　3）

3 － 15　信用保証協会の保証付融資と条件違反

《問》K銀行P支店は、取引先G社から、G社所有の土地上にテナントビ
ルを建設するための資金の一部として1億円の融資申込みを受け、
H信用保証協会の保証を得て融資を行うこととした。H信用保証協
会は、K銀行に対して、土地につきK銀行が順位1位の根抵当権の
設定登記を受けるとともに、建物につき完成次第K銀行が順位1位
の根抵当権の追加設定登記を受けることを条件として保証を承諾
し、保証書を発行した。K銀行は、保証書の条件のとおりに、土地
につき順位1位の根抵当権の設定登記を受けると同時に、1億円を
G社に融資した。その後、建物の完成時に建物につきM銀行が順位
1位の根抵当権の設定登記を受けてしまったことから、K銀行は順
位2位の根抵当権の設定登記を受けることを余儀なくされたとこ
ろ、ほどなくしてG社は倒産してしまった。この場合に関する次の
記述のうち、最も適切なものはどれか。

1）K銀行は、建物につき、順位は2位であるものの根抵当権の設定登
記を受けているので、H信用保証協会は、全部または一部の保証免
責を主張することができない。

2）建物の完成後、M銀行が順位1位の根抵当権の設定登記を受けるこ
とを認めたのはG社の責任であり、K銀行に落ち度があるとはいえ
ないから、H信用保証協会は、全部または一部の保証免責を主張す
ることができない。

3）K銀行が建物について順位1位の根抵当権の設定登記を受けられな
かったことは保証条件違反であるから、H信用保証協会は、全部ま
たは一部の保証免責を主張することができる。

4）K銀行は、条件付とはいえ保証書の発行を受けているのであるか
ら、H信用保証協会は、全部または一部の保証免責を主張すること
ができない。

●解説と解答●

1）不適切である。本問における信用保証協会の保証条件は、土地・建物につ
き順位1位の根抵当権の設定を受け登記を完了することであり、順位が異
なれば回収可能性が違ってくるので、信用保証協会は、保証条件違反を理

由に全部または一部の免責を主張することができる。

2）不適切である。信用保証協会と金融機関との間では、保証条件を履行させる責任は金融機関にあるので、金融機関が保証条件を履行させることができなかった以上、信用保証協会は、保証条件違反を理由に全部または一部の免責を主張することができる。

3）適切である。信用保証協会は、金融機関との約定により、金融機関が保証条件に違反したときは、全部または一部の免責を主張できる。

4）不適切である。1）の解説参照。

<u>正解　3）</u>

3－16　制限行為能力者との保証契約

《問》K銀行P支店では、個人顧客Aが300万円の融資を申し込んできた
　　際、Aの友人Bを高齢ではあったが保証人として、融資を実行し
　　た。この場合に関する次の記述のうち、最も適切なものはどれか。
1）Bが、保証契約締結時に既に成年被後見人となっていたが、保証契
　　約締結の際に自分が制限行為能力者であることを積極的に告げな
　　かった場合、Bは、黙秘していたことの一事をもって「詐術」を用
　　いて行為能力者であることを信じさせたことになるため、当該保証
　　契約を取り消すことはできない。
2）Bは保証契約締結時に既に後見開始の審判を受けていたが、B本人
　　が保証契約を締結し、保証契約締結の1年後にその審判が取り消さ
　　れた場合、Bが追認したとしても、Bはその後に当該保証契約を取
　　り消すことができる。
3）Bは、保証契約締結時において、成年被後見人となっていなかった
　　ものの、既に完全に意思能力を欠いていた場合、保証契約締結の際
　　にK銀行の担当者の面前においてBが自ら契約書に署名・捺印して
　　いたとしても、当該保証契約は無効である。
4）Bが保証契約締結後に後見開始の審判により成年被後見人となった
　　場合、後見開始前に保証契約が締結されたのであるから、保証契約
　　締結時にBが既に完全に意思能力を欠く状態であったとしても、当
　　該保証契約が無効となることはない。

・解説と解答・

1）不適切である。制限行為能力者が行為能力者であることを信じさせるため
　　詐術を用いたときは、その行為を取り消すことができないが（民法21条）、
　　「単に無能力者であることを黙秘していたことの一事をもって詐術に当た
　　るとするのは相当ではない」とされている（最一小判昭44.2.13）。
2）不適切である。後見開始の審判が取り消された後、Bが追認することによ
　　り当該保証契約は取り消しえないものとなる（民法122条、120条）。な
　　お、K銀行がBに対して1カ月以上の期間を定めて追認するか否かを催告
　　し、期間内にBが確答を発しないときには、当該保証契約を追認したもの
　　とみなされる（民法20条1項）。

3）適切である。意思能力を欠く者の法律行為は無効である（民法3条の2）。たとえ金融機関の担当者の面前で署名・捺印したとしても、Bの行為は無効である。

4）不適切である。意思能力を欠く者の法律行為は無効である（民法3条の2）。保証契約締結時に後見開始の審判を受けていなかったとしてもBが意思能力を欠いていた以上、保証契約は無効である。

<u>正解　3）</u>

3－17　不適切な債権回収

《問》K銀行P支店の融資担当者Sが融資取引先に対して行った債権回収
に関する次の記述のうち、最も適切なものはどれか。

1）融資取引先である個人事業主Aに対する貸出債権の返済が長期にわ
たり滞ったので、Aの子BはAに対する融資の保証人ではなかった
が、Bを訪ね、「Aが万一死亡した場合にはBが必ずAの債務を承
継しなければならない」と強調して、Aの債務の弁済を請求し、B
に弁済させた。

2）融資取引先である個人事業主Cに対する貸出債権の担保としてC所
有の不動産に抵当権の設定登記を受けていたが、Cの借入金の返済
が長期にわたり滞ったので、C所有の唯一の不動産であり、K銀行
のCに対する債権額を大きく上回る資産価値を有する当該担保不動
産について、清算金を支払うことなく、代物弁済を受けることとし
た。

3）融資取引先であるG社所有のテナントビルに抵当権の設定登記を受
けていたが、G社が債務不履行となったので、当該不動産を競売に
付することはせずに、G社が受け取る賃料債権を差し押さえること
により優先弁済を受けることとした。

4）融資取引先であるH社の預金債権に対し、H社の債権者を差押債権
者とする債権差押命令が送達され、H社に対する貸出債権について
期限の利益が喪失したので、当該貸出債権の回収は差し押さえられ
ていないH社の他の預金で十分可能であったが、当該貸出債権とそ
の差し押さえられた預金債権とをあえて相殺することとした。

・解説と解答・

1）不適切である。債務者の家族であっても、保証人ではない者に対して弁済
を強要することは法的に問題がある。また、たとえ相続が発生したとして
も、相続人が相続放棄をすれば、債務も相続しないのであるから（民法
939条）、返済する責任は負わない。法的に誤った情報を伝えてまで債権回
収することには問題がある。

2）不適切である。債権額を大きく上回る資産価値を有する担保不動産をもっ
てする代物弁済は、担保不動産の価額と債務額との差額部分の財産が不当

に目減りすることとなるので、他の債権者を害する行為と認定されるおそれがある。また、K銀行には清算義務がある（最一小判昭45.9.24）。

3）適切である。（根）抵当権者は、抵当目的物の競売申立てをすることもできるが、担保不動産収益執行の申立て（民事執行法180条2号）や、賃料債権に対する物上代位による差押え（民法372条、304条、最二小判平元.10.27）により、債権の回収を図ることもできる。

4）不適切である。預金につき債権差押命令を受けた場合であっても、差押えの前から債権を有していれば、第三債務者であるK銀行は差押債務者に対する債権をもって相殺することができるが、一般に差押えを免脱させるためにあえて差押預金債権を狙い撃ち的に相殺すること（狙い撃ち相殺）は、信義則に反し、権利の濫用とみられ、相殺は効力を生じなかったり、あるいは差押債権者が満足を得られなかった限度で不法行為に基づく損害賠償義務を負うことがある。相殺を行うにあたって債権の回収に支障のない限り債務者や第三者の利益を損なわないよう配慮することは、信義則ないし権利濫用禁止の当然の要請である。

正解 3）

3-18 相殺権の濫用

《問》K銀行P支店が行った相殺に関する次の記述のうち、最も不適切な
ものはどれか。

1) K銀行P支店の融資取引先G社の業況が悪化し、G社が破産手続開
始の申立てを行った後、破産手続開始決定前に、K銀行はP支店の
G社口座に対して振込入金された預金と貸出債権を相殺した。この
場合、入金の時点で、K銀行がG社の破産手続開始の申立ての事実
を知らなかったときは、当該相殺は原則として認められる。
2) K銀行P支店の融資取引先H社は、I社振出の約束手形を所持して
いたところ、I社の経営状況が危ういとの情報を入手したため、手
形を買い戻す資力は十分に有していながらも、K銀行Q支店にある
I社の預金と相殺されることを当てにして、P支店に当該手形の割
引を依頼した。K銀行が、その事情を知りながら当該手形の割引に
応じ、その後、あえてI社に対する手形債権とQ支店にあるI社の
預金債権を相殺して、H社の割引手形買戻債務を免れさせた場合、
当該相殺は相殺権の濫用には当たらない。
3) K銀行P支店は、融資取引先J社に対する運転資金2,000万円の貸
付債権の担保として、2,000万円以上の担保価値を有するJ社保有
の公社債の担保差入れを受けていたところ、P支店にあるJ社の預
金に対してJ社の債権者から差押えがなされた。この場合、K銀行
が、あえて当該担保付の貸付債権と差し押さえられた預金との相殺
を行ったうえで、公社債を担保解除してJ社に返却したときは、当
該相殺は権利の濫用に当たるとして認められない可能性がある。
4) K銀行P支店にある融資取引先L社の預金に対して、L社の債権者
から差押えがなされ、K銀行は、当該差押命令に付されていた陳述
の催告に対して「反対債権あり。相殺については未定」の旨を陳述
したが、その後に、L社に対する貸付債権と当該差し押さえられた
預金とを相殺した。この場合、K銀行が、ことさら差押債権者に損
害を与えることを目的として相殺を行った等の特段の事情が認めら
れないときは、当該相殺は相殺権の濫用には当たらない。

・解説と解答・

1) 適切である。破産法71条1項4号は、「破産手続開始の申立てがあった後に破産者に対して債務を負担した場合であって、その負担の当時、破産手続開始の申立てがあったことを知っていたとき」は、破産債権者は相殺することができない旨規定している。また、同項3号は支払の停止についても同様の定めをしている。したがって、本選択肢のケースは、原則として相殺することができる。

2) 不適切である。割引した銀行が不渡となった手形に基づく買戻し請求権と預金債権とを相殺することについては、自己の債権を回収する目的であれば、特に問題とされることはない。しかし、自己以外の者の債権回収の目的のために、他の債権者を犠牲にして相殺をするなど、金融機関自身の債権保全という合理的必然性がない場合には、権利の濫用と判断される可能性が高い（民法1条3項）。本肢のケースは、「駆込み割引」といわれ、相殺権の濫用の典型例の1つである。

3) 適切である。担保付債権による相殺が、常に相殺権の濫用となるわけではない。しかし、預金に対して差押えを受けた場合に、公社債、上場株式、優良手形などの直ちに換価できる有価証券等により担保されている特定の債権を自働債権として、当該差押えに係る預金と相殺することは、相殺権の濫用とされる可能性が高い（民法1条3項）。回収の確実性においても簡便性においても、その担保が預金からの回収に劣らない場合には、差し押さえられた預金との相殺によらなくても回収に支障を生ずるおそれはなく、そうした場合に差し押さえられた預金とあえて相殺することは、担保としている預金があるにもかかわらず、あえて他の差し押さえられた預金と相殺して当該担保預金を貸出先に払い戻すといった狙い撃ち相殺と異なるところがないからである。

4) 適切である。預金差押えに伴う陳述の催告に対する金融機関の陳述は、事実の報告であり、債務の承認や抗弁権の喪失のように実体上の効果を生じるものではなく、その後に相殺することを妨げるものではないとされている（最二小判昭55.5.12金法931号31頁）。金融機関が、ことさら差押債権者に損害を与えることを目的として相殺を行った等の特段の事情が認められないときは、当該相殺は相殺権の濫用には当たらない。なお、陳述の催告に対して、金融機関が故意または過失により陳述をしなかったり、不実の陳述をして差押債権者に損害を与えたときは、金融機関はこれによって

生じた損害を賠償する責任を負う（民事執行法147条2項）。

正解　2）

3-19 破産・民事再生手続等と担保権①

《問》K銀行P支店では、5年前にG社に対し融資を実行するに際し、G社所有不動産に抵当権の設定を受け、その登記を完了した。その後、G社の業況は悪化し、業績低迷が続いていることから、現在、G社では法的整理手続の申立て等を検討しているところである。この場合における抵当権の扱いに関する次の記述のうち、最も不適切なものはどれか。

1）G社が破産手続開始の申立てを行い、破産手続開始決定がなされた場合、当該抵当権は別除権として扱われるので、K銀行は、原則として、破産手続によらずに当該抵当権を実行することができる。

2）G社が更生手続開始の申立てを行い、更生手続開始決定がなされた場合、当該抵当権は別除権として扱われるので、K銀行は、原則として、更生手続によらずに当該抵当権を実行することができる。

3）G社が再生手続開始の申立てを行い、再生手続開始決定がなされた場合、当該抵当権は別除権として扱われるので、K銀行は、原則として、再生手続によらずに当該抵当権を実行することができる。

4）G社が再生手続開始の申立てを行い、再生手続開始決定がなされた場合、K銀行は、当該抵当権によって担保される債権については、当該抵当権の実行によって弁済を受けることができない債権の部分（不足額）についてのみ再生債権者としてその権利を行使することができる。

・解説と解答・

1）適切である。破産手続が開始された場合においては、抵当権は別除権として扱われ（破産法2条9項）、別除権は、破産手続によらないで、行使することができる（同法65条1項）。ただし、破産管財人は、当該財産を任意に売却して当該担保権を消滅させることが破産債権者の一般の利益に適合するときは、裁判所に対し、当該財産を任意に売却し、所定の額が裁判所に納付されることにより当該財産につき存するすべての担保権を消滅させることについての許可の申立てをすることができる（同法186条1項）ので、この担保権消滅許可の申立てがなされた場合は、抵当権の実行につき、同法186条以下の手続による制約を受けることになる。

2 ）不適切である。更生手続が開始された場合においては、担保権を実行する
　　ことができず（会社更生法50条 1 項）、担保権者の権利の実現は、更生計
　　画において更生担保権者として優先的な弁済を受けるという形で、更生手
　　続のなかで行われることになる。

3 ）適切である。再生手続が開始された場合においては、抵当権は別除権とし
　　て扱われ、別除権は、再生手続によらないで、行使することができる（民
　　事再生法53条 1 項、 2 項）。ただし、再生債務者等は、当該財産が再生債
　　務者の事業の継続に欠くことのできないものであるときは、裁判所に対
　　し、当該財産の価額に相当する金銭を裁判所に納付して当該財産につき存
　　するすべての担保権を消滅させることについての許可の申立てをすること
　　ができる（同法148条 1 項）ので、この担保権消滅許可の申立てがなされ
　　た場合は、抵当権の実行につき同法148条以下の手続による制約を受ける
　　ことになる。

4 ）適切である（民事再生法88条）。

正解　2 ）

3－20　破産・民事再生手続等と担保権②

《問》K銀行P支店では、5年前にG社に対し融資を実行するに際し、G社所有不動産に抵当権の設定を受け、その登記を完了した。その後、G社の業況は悪化し、業績低迷が続いていることから、現在、G社では法的整理手続の申立てを検討しているところである。G社について破産手続または再生手続が開始された場合における抵当権の扱いに関する次の記述のうち、最も適切なものはどれか。

1）G社について、破産手続開始決定がなされた場合、または再生手続開始決定がなされた場合のいずれにおいても、当該抵当権は別除権として扱われる。

2）G社について、破産手続開始決定がなされた場合には、当該抵当権は別除権として扱われるが、再生手続開始決定がなされた場合には、当該抵当権は別除権として扱われない。

3）G社について、破産手続開始決定がなされた場合には、当該抵当権は別除権として扱われないが、再生手続開始決定がなされた場合には、当該抵当権は別除権として扱われる。

4）G社について、破産手続開始決定がなされた場合、または再生手続開始決定がなされた場合のいずれにおいても、当該抵当権は別除権として扱われない。

・解説と解答・

1）適切である。破産手続が開始された場合においては、抵当権は別除権として扱われ（破産法2条9項）、別除権は、破産手続によらないで、行使することができる（同法65条1項）。また、再生手続が開始された場合においても、同様に、抵当権は別除権として扱われ、別除権は、再生手続によらないで、行使することができる（民事再生法53条1項、2項）。ただし、いずれの手続の場合も、担保権消滅許可の申立てがなされた場合（破産法186条1項および民事再生法148条1項参照）は、抵当権の実行につき制約を受けることになる。なお、法的整理手続が切り替わった場合には、原則として、後の手続を基準として後の手続に関する法律によって規律される。ただし、手続の連続性や迅速性、先行手続への関係者の信頼性の確保などの観点から、新たな債権届出の要否、財団債権・共益債権の扱い、

　　相殺禁止や否認権の限界を画する基準などについて、修正がなされている。

2）不適切である。1）の解説参照。

3）不適切である。1）の解説参照。

4）不適切である。1）の解説参照。

<u>正解　1）</u>

3－21　相殺禁止

《問》K銀行P支店の融資取引先G社は、先日、破産手続開始の申立てを
　　　行い、裁判所から破産手続開始決定を受けた。この場合に関する次
　　　の記述のうち、最も不適切なものはどれか。

1）G社が支払停止かつ支払不能となった後、破産手続開始の申立てを
　　する前に、H社からP支店のG社口座に対して振込入金された預金
　　については、入金の時点で、K銀行がG社について支払停止があっ
　　たことを知っていたときでも、K銀行は貸出債権と相殺することが
　　できる。

2）G社が破産手続開始の申立てをした後、破産手続開始決定前に、H
　　社からP支店のG社口座に対して振込入金された預金については、
　　入金の時点で、K銀行がG社の破産手続開始の申立ての事実を知ら
　　なかったときは、K銀行は貸出債権と相殺することができる。

3）G社が破産手続開始決定を受けた後に、H社からP支店のG社口座
　　に対して振込入金された預金については、入金の時点で、K銀行が
　　G社の破産手続開始決定の事実を知らなかったときでも、K銀行は
　　貸出債権と相殺することができない。

4）G社が破産手続開始決定を受けたことをK銀行が知った後に、H社
　　からP支店のG社口座に対して振込入金された預金については、K
　　銀行は貸出債権と相殺することができない。

・解説と解答・

1）不適切である。支払の停止があった後に破産者に対して債務を負担した場
　　合であって、その負担の当時、支払の停止があったことを知っていたとき
　　は、破産債権者は相殺することができない。ただし、当該支払の停止が
　　あった時において支払不能でなかったときは、この限りではない（破産法
　　71条1項3号）。

2）適切である。破産手続開始の申立てがあった後に破産者に対して債務を負
　　担した場合であって、その負担の当時、破産手続開始の申立てがあったこ
　　とを知っていたときは、破産債権者は相殺することができない（破産法71
　　条1項4号）。したがって、本選択肢の場合は、相殺することができる。

3）適切である。破産手続開始後に破産財団に対して債務を負担したときは、

破産債権者は相殺することができない（破産法71条1項1号）。したがって、手続開始決定後（手続開始後）、破産債権者は手続開始決定があったことについて知らなかったとしても、相殺することができない。

4）適切である。3）の解説参照。

正解　1）

3－22　個人再生債務者への対応

《問》K銀行P支店の融資担当者Sは、住宅ローンの借入れのある顧客A
（給与所得者）から、住宅資金特別条項を定めた再生手続開始の申
立てを検討しているとの連絡を受けた。AのK銀行に対する住宅
ローン残高は4,000万円（抵当権設定登記済みかつ当該住宅ローン
以外の抵当権の設定はない）のみであるが、他の金融機関から住宅
ローン以外の無担保の借入れが合計2,000万円あるとのことである。
この場合に関する次の記述のうち、最も不適切なものはどれか。

1）Aの債務残高は5,000万円を超えているが、住宅ローン以外の無担
　保の借入れは5,000万円を超えていないので、Aが将来において継
　続的に収入を得る見込みがあるときは、Aは再生手続開始の申立て
　において小規模個人再生を行うことを求めることができる。

2）Aが再生手続開始の申立てをしたとき、裁判所が住宅資金特別条項
　を定めた再生計画の認可の見込みがあると認めるときは、Aの申立
　てにより、裁判所は相当の期間を定めて、当該住宅ローンの担保と
　して設定されている抵当権の実行手続の中止を命じることができ
　る。

3）仮に、Aの住宅ローンについて保証会社が既に代位弁済していた場
　合でも、当該代位弁済後6カ月を経過する日までの間にAが再生手
　続開始の申立てを行い、住宅資金特別条項を定めた再生計画の認可
　の決定が確定した場合、保証会社の代位弁済はなかったものとみな
　され、K銀行が再びAの債権者となる。

4）住宅資金特別条項を定めたAに係る再生計画の認可の決定が確定し
　た場合でも、Aの住宅ローンに連帯保証人が付されていれば、K銀
　行の当該連帯保証人に対する保証債務の履行の請求は影響を受け
　ず、K銀行は、再生計画によることなく、保証債務の履行を求める
　ことができる。

・解説と解答・

1）適切である（民事再生法221条）。
2）適切である（民事再生法197条1項）。
3）適切である（民事再生法198条2項、204条1項）。

4) 不適切である。住宅資金特別条項を定めた再生計画の認可の決定が確定した場合、一般の再生手続と異なり、再生債権者の保証人に対する債務の履行は再生計画による影響を受ける（民事再生法203条1項による177条2項の適用除外）。

正解　4)

3－23　動産・債権譲渡特例法

> 《問》「動産及び債権の譲渡の対抗要件に関する民法の特例等に関する法律」（以下、「動産・債権譲渡特例法」という）に基づく債権譲渡登記制度に関する次の記述のうち、最も不適切なものはどれか。
>
> 1）債権譲渡の場合、動産・債権譲渡特例法の適用対象となる要件の1つとして、債権の譲渡人が法人であることが挙げられる。
> 2）動産・債権譲渡特例法の適用対象となるのは、譲渡に係る債権が貸付債権である場合に限られ、売掛債権や工事請負代金債権の譲渡については適用対象とならない。
> 3）債権の譲渡人と譲受人が、当該債権の譲渡につき債権譲渡登記をしたときは、債権の譲受人は、債務者以外の第三者に対して、債権譲渡の通知をしなくても、当該債権譲渡を対抗することができる。
> 4）債権の譲渡およびその譲渡につき債権譲渡登記がされたことについて、譲渡人または譲受人が当該債権の債務者に登記事項証明書を交付して通知をし、または当該債務者が承諾をしたときは、債権の譲受人は、当該債務者に対して、当該債権譲渡を対抗することができる。

・解説と解答・

1）適切である（動産・債権譲渡特例法1条）。

2）不適切である。譲渡に係る債権は、金銭の支払を目的とするものであって民法第三編第一章第四節の規定により譲渡されるものに限るとされており（動産・債権譲渡特例法4条1項）、売掛債権や工事請負代金債権などの譲渡については適用の対象となる。なお、債権譲渡登記ファイルの記録事項の1つとして、「貸付債権、売掛債権その他の債権の種別」がある（同法8条2項4号、動産・債権譲渡登記規則9条1項4号）。

3）適切である。債権の譲渡につき債権譲渡登記ファイルに譲渡の登記がされたときは、当該債権の債務者以外の第三者については、民法467条の規定による確定日付のある証書による通知があったものとみなされ、対抗することができる。なお、この場合には当該登記の日付をもって確定日付とするとされている（動産・債権譲渡特例法4条1項）。

4）適切である。債権の譲渡およびその譲渡につき債権譲渡登記がされたこと

について、譲渡人もしくは譲受人が当該債権の債務者に登記事項証明書を交付して通知をし、または当該債務者が承諾をしたときは、当該債務者について、民法467条による通知があったものとみなされ、対抗することができる（動産・債権譲渡特例法4条2項）。

<u>正解　2）</u>

3－24　質権の設定

《問》K銀行P支店では、個人顧客Aに対する融資の担保として、AのBに対する債権（金銭の支払を目的とするものであって、民法第三編第一章第四節の規定により譲渡されるもの、ただし預貯金債権ではない）を目的として質権の設定を受けることを検討している。この場合に関する次の⑦～⑨の記述のうち、適切なものはいくつあるか。

⑦　K銀行が、AのBに対する債権を目的とする質権の設定をB以外の第三者に対抗するためには、確定日付のある証書によるAからBに対する通知またはBによる承諾が必要である。

⑦　AのBに対する債権に譲渡・質入禁止特約が付されている場合でも、K銀行は、原則として、当該債権を目的とした質権を有効に取得することができる。

⑨　K銀行がAのBに対する債権を目的として質権の設定を受けた場合、K銀行のAに対する貸出債権と、AのBに対する債権の弁済期がともに到来したときは、K銀行は、質権の目的であるAのBに対する債権を、Bから直接取り立てることができる。

1）1つ
2）2つ
3）3つ
4）0（なし）

・解説と解答・

⑦　適切である。AのBに対する債権を質権の目的とした場合、質権者（K銀行）が第三債務者（B）以外の第三者に対抗するためには、民法467条に従い、確定日付のある証書によるAからBに対する通知またはBの承諾が必要である（民法364条、467条2項）。

⑦　適切である。令和2年4月1日施行の改正債権法により、当事者が譲渡制限の意思表示をしたときであっても、債権の譲渡（ここでは質権の設定）はその効力を妨げられないこととなった（民法466条2項）。ただし、譲渡制限の意思表示がされたことを知り、または重大な過失によって知らなかった譲

受人その他第三者に対しては、債務者は、その債務の履行を拒むことができ、かつ、譲渡人に対する弁済その他の債務を消滅させる事由をもってその第三者に対抗できる（民法466条 3 項）。

　なお、預貯金債権について当事者がした譲渡制限の意思表示は、466条 2 項の規定にかかわらず、その譲渡制限の意思表示がされたことを知り、または重大な過失によって知らなかった譲受人その他の第三者に対抗することができる（譲渡制限の意思表示がされた預貯金債権に対する強制執行をした差押債権者に対しては、適用しない。民法466条の 5 ）。

⑰　適切である。質権者は、被担保債権の弁済期が到来し、かつ質権の目的である債権の弁済期が到来した場合には、その債権を直接取り立てることができる（民法366条 1 項、 2 項）。また、被担保債権の弁済期前に質権の目的である債権の弁済期が到来した場合は、質権者は、第三債務者にその弁済すべき金額を供託させることができる（同条 3 項）。

したがって、適切なものは 3 つ。

正解　3 ）

第 4 章

証券・その他の業務

4－1　金融ＡＤＲ制度①

《問》Ｋ銀行は、金融ＡＤＲ制度への取組みとして、全国銀行協会と手続実施基本契約を締結し、同協会を指定紛争解決機関としている。Ｋ銀行Ｐ支店での投資信託の勧誘・販売時における担当者の説明等につき、顧客が全国銀行協会に苦情を申し出た場合の手続等に関する次の㋐〜㋓の記述のうち、適切なものはいくつあるか。

㋐　全国銀行協会から当該苦情の解決に向けた取組みについて説明を求められた場合、Ｋ銀行は、これに協力して速やかに報告しなければならない。

㋑　あっせん委員会が顧客からのあっせんの申立てを受け付けた場合、Ｋ銀行は、あっせん委員会が相当の理由があると認めた場合を除き、紛争解決手続に参加しなければならない。

㋒　あっせん委員会があっせん案を作成し、当事者双方に提示して受諾を勧告した場合、Ｋ銀行は、理由の如何を問わず、あっせん案を拒否することができる。

㋓　あっせん委員会が所定の手続に則って当該紛争の解決のために必要な特別調停案を作成して当事者双方に提示した場合、Ｋ銀行は、顧客が特別調停案を受諾しないときその他金融商品取引法に定める場合を除いて、その特別調停案を受諾しなければならない。

1）1つ
2）2つ
3）3つ
4）0（なし）

・解説と解答・

㋐　適切である（全国銀行協会「苦情処理手続および紛争解決手続等の実施に関する業務規程」（以下、「同業務規程」という）10条2項、9条3項）。

㋑　適切である（同業務規程25条1項、2項）。

㋒　不適切である。あっせん案の提示があった場合、Ｋ銀行は、それを尊重し、正当な理由なくあっせん案を拒否してはならない（同業務規程34条1項、3項）。

㋓　適切である。あっせん案によって当事者間に和解が成立する見込みがなく、あっせん委員会が当該事案の性質、当事者の意向、当事者の手続追行の状況その他の事情に照らして相当であると認めて当該紛争解決のために必要な特別調停案を作成して当事者双方に提示したときは、Ｋ銀行は、顧客が特別調停案を受諾しないときその他金融商品取引法に定める場合を除いて、その特別調停案を受諾しなければならない（同業務規程35条１項、銀行法52条の67第６項、金融商品取引法156条の44第６項）。

したがって、適切なものは３つ。

正解　３）

4－2　金融ＡＤＲ制度②

《問》Ｋ銀行は、金融ＡＤＲ制度への取組みとして、全国銀行協会と手続
実施基本契約を締結し、同協会を指定紛争解決機関としている。Ｋ
銀行Ｐ支店での投資信託の勧誘・販売時における担当者の説明や対
応等につき、顧客が全国銀行協会に苦情を申し出て、あっせん委員
会による紛争解決手続を利用する場合に関する次の記述のうち、最
も不適切なものはどれか。

1）Ｋ銀行の顧客があっせん委員会による紛争解決手続を利用する場
合、顧客は全国銀行協会に所定の手数料を支払う必要がある。

2）あっせん委員会事務局が顧客からの紛争解決手続の申立書を受領し
た場合において、当該事案の内容が特定の行員の素行や接客態度に
係る事案であり、あっせん委員会が、事柄の性質上、紛争解決手続
の利用が適当でないと判断した場合は、あっせん委員会はＫ銀行に
紛争解決手続への参加を要請することなく、紛争解決手続を行わな
いことを決定することができる。

3）あっせん委員会があっせん案を作成し、当事者双方に提示して受諾
を勧告した場合、あっせん案の提示を受けたＫ銀行は、それを尊重
し、正当な理由なくあっせん案を拒否してはならない。

4）あっせん案の受諾勧告にもかかわらず、顧客とＫ銀行の間で和解が
成立する見込みがないときで、あっせん委員会が事案の性質等に照
らして相当であると認めるときは、あっせん委員会は特別調停案を
提示することができる。

・解説と解答・

1）不適切である。あっせん委員会による紛争解決手続を利用する場合、顧客
の手数料は無料である（全国銀行協会「苦情処理手続および紛争解決手続
等の実施に関する業務規程」（以下、「同業務規程」という）28条1項）。

2）適切である（同業務規程26条、27条1項6号、苦情処理手続および紛争解
決手続等の実施に関する運営要領16条3項4号）。

3）適切である（同業務規程34条1項、3項）。

4）適切である（同業務規程35条1項）。

<u>正解　1）</u>

4－3　インサイダー取引規制①（会社関係者等）

《問》金融商品取引法が定めるインサイダー取引規制における会社関係者
等に関する次の記述のうち、最も適切なものはどれか。

1）上場会社等の会社関係者が、その職務に関して知った当該上場会社
等に係る未公表の重要事実を、当該上場会社等の株式を売買させる
ことで利益を得させあるいは損失を回避させることを目的として他
人に伝達し、伝達を受けた者がその重要事実の公表前に実際に取引
を行った場合、その伝達をした会社関係者は、原則として、インサ
イダー取引規制違反として、金融商品取引法による罰則の対象とな
る。

2）上場会社等の従業員が、当該上場会社等を退職して会社関係者でな
くなった場合でも、退職後1年以内はインサイダー取引規制の対象
とされるが、当該上場会社等のパート社員やアルバイト社員が契約
満了により会社関係者でなくなった場合は、契約満了後1年以内で
あっても、インサイダー取引規制の対象とならない。

3）上場会社等と融資契約の締結を交渉している銀行の融資部の担当者
が当該上場会社の未公表の重要事実を知った場合、会社関係者とし
てインサイダー取引規制の対象となるが、当該銀行の融資部以外の
他部署の行員がその者の職務に関して当該重要事実を知った場合
は、インサイダー取引規制における会社関係者とはならない。

4）上場会社等の会社関係者から、その者が職務に関して知った当該上
場会社等に係る未公表の重要事実の伝達を受けた者は、会社関係者
に該当しない限り、インサイダー取引規制の対象とならない。

・解説と解答・

1）適切である（金融商品取引法167条の2第1項、197条の2第14号）。

2）不適切である。パート社員やアルバイトも会社関係者に含まれるとされ、
会社関係者は、退職や契約満了によって会社関係者でなくなった場合で
も、その後1年間はインサイダー取引規制の対象となる（金融商品取引法
166条1項柱書後段、1項1号）。

3）不適切である。上場会社等と融資交渉をしている銀行の融資部以外の行員
も、その者の職務に関して当該上場会社の重要事実を知った場合は、会社

関係者としてインサイダー取引規制の対象となる（金融商品取引法166条
1項4号、5号）。

4）不適切である。上場会社等の会社関係者が知った重要事実の伝達を受けた
者は、金融商品取引法に定める「会社関係者」に該当するときはもちろ
ん、該当しないときであっても、第一次情報受領者としてインサイダー取
引規制の対象となる（金融商品取引法166条3項）。

正解　1）

4－4　インサイダー取引規制②（重要事実）

> 《問》K銀行の本店営業部長Sが、取引先である上場会社G社の経理担当
> 　常務から聞いたG社またはG社の子会社に係る未公表の情報に関
> 　する次の記述のうち、最も適切なものはどれか。なお、G社は純粋
> 　持株会社等には該当しない。
> 1 ）G社の今期売上高が確定し、その確定した売上高が直近の公表済み
> 　予想値に比べ倍増するほど変動したとしても、当該事実はインサイ
> 　ダー取引規制における重要事実に該当しない。
> 2 ）G社が自己株式の取得を決定したという事実は、インサイダー取引
> 　規制の重要事実に該当する。
> 3 ）G社が同業他社へ事業譲渡を行うことを決定した場合、当該事業譲
> 　渡の規模にかかわらず、すべての事業譲渡の決定はインサイダー取
> 　引規制の重要事実に該当する。
> 4 ）G社の子会社に係る業績の変動、決定事実または発生事実が、G社
> 　株式に係るインサイダー取引規制の重要事実に該当する場合はな
> 　い。

・解説と解答・

1 ）不適切である。売上高の変動が重要事実に該当しないのは、売上高の直近
の公表済み予想値に対する変動率が上下10％未満である場合である（金融
商品取引法166条2項3号、有価証券の取引等の規制に関する内閣府令51
条1号）。

2 ）適切である（金融商品取引法166条2項1号ニ）。

3 ）不適切である。事業の全部または一部を譲渡する場合であって、最近事業
年度の末日における当該事業の譲渡に係る資産の帳簿価額が、同日におけ
る純資産額の30％未満であり、かつ、当該事業の譲渡の予定日の属する事
業年度および翌事業年度の各事業年度においていずれも当該事業の譲渡に
よる当該会社の売上高の減少額が当該会社の最近事業年度の売上高の10％
に相当する額未満であると見込まれるときは、軽微基準に該当し、重要事
実には当たらない（金融商品取引法166条2項1号ワ、有価証券の取引等
の規制に関する内閣府令49条1項8号イ）。

4 ）不適切である。上場会社等の子会社が、株式交換、株式移転、合併、会社

分割、事業の全部または一部の譲渡や譲受け等を決定したとき、また、災害に起因する損害または業務遂行の過程で生じた損害、訴訟の提起または判決等、一定の事実が発生したときは、当該上場会社に係るインサイダー取引規制の重要事実に該当する場合がある（金融商品取引法166条2項5号、6号等）。

正解　2）

4−5 インサイダー取引規制③（未然防止措置）

《問》K銀行では、インサイダー取引の未然防止措置として、取引先の未公表のインサイダー情報（取引先重要事実）を営業店の職員が取得したときの行内における情報管理体制を整備している。K銀行の情報管理体制に関する次の記述のうち、最も適切なものはどれか。

1）営業店の職員は、取引先重要事実を支店長に直ちに報告し、支店長は審査部に報告して、審査部において取引先重要事実として一元的に管理する。

2）営業店の職員は、取引先重要事実を支店長に直ちに報告し、支店長は営業推進本部に報告して、営業推進本部では他の営業店の営業支援材料として活用する。

3）営業店の職員は、営業店内で取引先重要事実が拡散することを防止するために、支店長を通すことなく、直接審査部に直ちに報告し、審査部において取引先重要事実として管理する。

4）営業店の職員は、法人担当職員全員に直ちに伝達し、営業店内でのインサイダー取引の発生を防止するために自己取引の禁止を徹底したうえで、営業店において取引先重要事実として管理する。

・解説と解答・

1）適切である。政策投資の管理部署である審査部等に取引先重要事実を報告して、審査部において取引先重要事実として一元的に管理する必要がある。

2）不適切である。取引先重要事実を営業店の営業支援材料として活用することは、取引先重要事実が拡散し、禁止されている情報伝達行為や取引推奨行為に該当するおそれがあるほか、インサイダー取引が発生する危険が生ずる。

3）不適切である。取引先重要事実を取得した部署の責任者が情報管理を行うことが効果的であり、全国銀行協会「内部者取引の未然防止についてのガイドライン」では、情報管理責任者（原則として取締役またはそれに類する役職にある者）等（情報管理責任者または情報管理責任者が指定する者）が役職員からの報告を受け、必要な情報管理を指示することとしている。

4）不適切である。営業店の法人担当職員全員に取引先重要事実を伝達したのでは、かえってインサイダー情報が拡散し、インサイダー取引や、禁止されている情報伝達行為が発生する危険を生ずる。

正解　1）

4－6　証券子会社との弊害防止措置（ファイアーウォール規制）

《問》K銀行とその証券子会社であるM社との間の金融商品取引法上の弊害防止措置（いわゆるファイアーウォール規制）に関する次の記述のうち、最も適切なものはどれか。

1）M社が、事業債の引受人となった日から6カ月を経過する日までの間であれば、その引き受けた事業債をK銀行に売却することは、禁止されていない。

2）M社が、K銀行から借入れを行っている会社の発行する事業債の引受を行う場合であって、その発行代り金（手取金）がK銀行からの借入れの返済に充当されることを知っているときは、その旨を顧客に説明したとしても、その事業債を当該顧客に販売することは、禁止されている。

3）M社の役員が、K銀行の役員を兼職することは禁止されている。

4）M社が、親子会社間に適用されるいわゆるアームズ・レングス・ルールに抵触しない取引条件でK銀行との間で国債の売買を行うことは、禁止されていない。

・解説と解答・

1）不適切である。事業債については、本来、引受を行う金融商品取引業者たる証券子会社が負うべきリスクを親銀行が肩代わりすることで安易な引受が行われることを防止するため、事業債の引受人となった日から6カ月を経過する日までの間において、その引き受けた事業債を親銀行に売却することは禁止されている（金融商品取引法44条の3第1項4号、金商業等府令153条1項6号）。

2）不適切である。親銀行から借入れを行っている会社の発行する事業債の引受を行う場合であって、その発行代り金（手取金）が親銀行からの借入れの返済に充当されることを知っているときは、その旨を顧客に説明すれば、その事業債を当該顧客に販売することができる（金融商品取引法44条の3第1項4号、金商業等府令153条1項3号イ）。

3）不適切である。役職員の兼職禁止に係る規定は削除されており、取締役や執行役についても当局への届出により兼職は可能である（金融商品取引法31条の4第1項、2項）。なお、銀行と証券会社を兼職する役職員は、い

ずれの非公開情報にもアクセス可能であるが、これは銀行が保有する非公開情報は銀行業務のために、証券会社が保有する非公開情報は証券会社の業務に活用することを前提としたものであり、例えば、銀行が保有する非公開情報を証券会社の業務に活用したり、銀行の保有する非公開情報を兼職者でない証券会社の役職員に伝達したりするためには、オプトインやオプトアウト等の適切な対応をとる必要がある。

4）適切である。アームズ・レングス・ルールは、銀行とそのグループ会社との利益相反取引を通じて銀行経営の健全性が損なわれることなどを防止するためのルールである。銀行と証券子会社が国債に関する売買を行うことについて特段の禁止規定はないが、アームズ・レングス・ルールに則って行う必要がある（金融商品取引法44条の3第1項1号）。

正解　4）

4－7　外務員制度

《問》K銀行P支店の職員Sは、日本証券業協会の実施した特別会員外務員資格試験に合格し、投資信託の販売担当窓口に配属された。この場合におけるSおよびK銀行の権限および義務等に関する次の記述のうち、最も適切なものはどれか。

1) Sは、特別会員外務員資格試験に合格しているので、外務員登録原簿に登録されていない時点においても、投資信託の窓口販売業務を行うことができる。
2) Sは、外務員の職務として行った投資信託の窓口販売業務に関して、顧客からK銀行に対してSの法令違反により生じた損害の賠償請求訴訟が提起された場合に限り、所属するK銀行に代わって裁判上の行為を行う代理権を有する。
3) Sが外務員の職務として行った投資信託の窓口販売業務において、過失により顧客に損害を与えた場合、K銀行は、その顧客の損害について賠償する責任を負う。
4) K銀行は、Sが退職した場合であっても、Sが外務員の職務を行わなくなったことを届け出る必要はない。

・解説と解答・

1) 不適切である。外務員資格試験に合格したうえで、外務員登録原簿に登録がなされないと、外務員の職務を行うことはできない（金融商品取引法64条1項、2項）。
2) 不適切である。外務員は、その所属する金融商品取引業者等に代わって、外務員としての職務に関していっさいの裁判外の行為を行う権限を有するものとみなされるが、裁判上の行為を行う権限は有していない（金融商品取引法64条の3第1項）。
3) 適切である。外務員は、その所属する金融商品取引業者等に代わって、外務員としての職務に関していっさいの裁判外の行為を行う権限を有するものとみなされることから（金融商品取引法64条の3第1項）、その行為の結果は金融商品取引業者等に帰属する。したがって、金融商品取引業者等は、外務員がその職務に関して顧客に与えた損害について賠償責任を負うことになる。

4) 不適切である。退職その他の理由により外務員の職務を行わなくなったときは、登録事項の変更として、遅滞なく内閣総理大臣にその旨を届け出ることとされている（金融商品取引法64条の4第4号）。

正解　3)

4－8　投信窓販①（適合性の原則）

《問》K銀行P支店に、高齢の個人顧客A（特定投資家ではない）が満期の到来する定期預金の運用相談のために来店した。P支店の資産運用相談担当者Sが、Aに運用目的を確認したところ、当該定期預金の満期金を積極的に運用したいと考えているとのことだったので、高配当の優良銘柄を運用対象とする株式投資信託を説明したところ、Aからその投資信託の購入申込みを受けた。この場合におけるSの対応に関する次の記述のうち、適合性の原則の観点からみて、最も適切なものはどれか。

1) Sは、Aに年齢を尋ねたところ、81歳とのことであったので、高齢者との取引でありがちな後日のトラブルを避けるため、高齢であることのみを理由として、Aの申込みを断った。

2) Sは、Aに投資信託の購入経験の有無を尋ねたところ、経験なしとの回答であったので、当該投資信託の仕組みやリスクを説明することなく、Aの申込みを断った。

3) Sは、Aに当該投資信託の仕組みやリスクを何度も説明したが、元本保証の銀行預金と異なることについて理解を得られなかったので、Aの申込みを断った。

4) Sは、Aが株式や投資信託等に関する知識も投資経験も豊富であって、また、当該投資信託の仕組みやリスクについての説明を十分に理解したうえで判断して申込みをしたことがわかったが、資産状況の質問についてはAに回答を拒否されたので、Aの申込みを断った。

・解説と解答・

1) 不適切である。適合性の原則は、「顧客の知識、経験、財産の状況、金融商品購入の目的に照らして不適当な勧誘をしてはならない」というルールであり（金融商品取引法40条1号）、顧客の状況を総合的に考慮して、それに見合った勧誘をすることを求めている。年齢といった基準だけで、一律に適用されるものではなく、顧客の属性に応じて適用されるものである。したがって、高齢であることだけで適合性を欠くとはいえず、申込みを断るのは不適切である。

2）不適切である。投資信託の購入経験がないとしても、投資信託の仕組みや
リスクについて説明を行い、理解をしてもらうことはできることから、経
験がないことだけで適合性を欠くとはいえず、申込みを断るのは不適切で
ある。

3）適切である。何度説明をしても、投資信託の仕組みやリスクが理解できな
いのであれば、投資信託に関する適合性はないと考えられるため、申込み
を受け付けるべきではない。ある特定の利用者に対しては、どんなに説明
を尽くしたとしても一定の商品の販売・勧誘を行ってはならないというい
わゆる狭義の適合性原則が適用される場合である。

4）不適切である。顧客の財産の状況が把握できなくとも、顧客が投資信託の
仕組みやリスクを理解したうえで、自ら判断した旨を明示した場合には、
顧客の知識や経験等を考慮して取引することができるとされている。

正解　3）

4－9　投信窓販②（説明義務）

《問》銀行の投資信託の窓販業務において、投資信託を購入する顧客を保護するために、銀行法施行規則および日本証券業協会の自主規制規則で定められた説明事項として、最も不適切なものは次のうちどれか。
 1）投資信託は「預金ではないこと」および「預金保険の対象ではないこと」
 2）投資信託は有価証券であり、「（日本）投資者保護基金の対象となること」
 3）投資信託は実績配当であり、「元本の返済が保証されていないこと」
 4）投資信託の「契約の主体」は、銀行ではなく、投資信託委託会社であること

・解説と解答・

 1）適切である。投資信託の窓販業務において、金融機関は、投資信託が「預金ではないこと」および「預金保険の対象ではないこと」を説明しなければならない（銀行法施行規則13条の5第2項1号、2号、日本証券業協会自主規制規則「協会員の投資勧誘、顧客管理等に関する規則」（以下、「同自主規制規則」という）10条2項1号、2号）。
 2）不適切である。銀行等窓口で販売される投資信託は、（日本）投資者保護基金の対象とはされていない。
 3）適切である。投資信託の窓販業務において「元本の返済が保証されていないこと」は、説明すべき事項に該当する（銀行法施行規則13条の5第2項3号、同自主規制規則10条2項4号）。
 4）適切である。投資信託受益証券は投資信託契約に基づく権利であり、契約の主体は投資信託委託会社である。「契約の主体」については、説明すべき事項に該当する（銀行法施行規則13条の5第2項4号、同自主規制規則10条2項5号）。

　　また、投資信託の乗換え勧誘においては、取得する投資信託等の目論見書による説明に加えて、当該乗換えを行うことが顧客のニーズに適合しているか、顧客の利益に資するものかを当該顧客が判断するための重要な事項について説明することを義務付けており、説明内容およびそれに要する

資料や説明時間は、顧客の属性や投資経験および投資信託等の性質等によって異なることから、勧誘を受ける顧客の理解度に応じて適当であると考えられる方法により行うこととされている。

なお、乗換え勧誘に係る契約締結前交付書面の交付に関し、取得する投資信託の取引契約の締結前1年以内に同種の内容の契約に係る契約締結前交付書面を交付している場合は、契約締結前交付書面の交付を要しないとされている（金商業等府令80条1項2号）。

正解　2）

4－10　投信窓販③（契約締結前交付書面の交付義務等）

《問》K銀行P支店の投資信託販売担当者Sは、来店した個人顧客Aから、これまで株式などの有価証券の投資経験はあまりないが、株式投資信託に関心があるといわれたので、Aに対して日経225連動型の株式投資信託を勧誘することとした。Sの勧誘行為に関する次の記述のうち、最も不適切なものはどれか。なお、Aは特定顧客および特定投資家に該当しないものとする。

1）改正金融サービス提供法上、Sは、Aが過去に株式投資信託を購入した経験があれば、重要事項の説明義務を免除される。

2）金融商品取引法上、Sは、契約締結前交付書面を交付して、仕組みやリスク等の顧客の判断に影響を及ぼす重要な事項について説明をしなければならない。

3）金融商品取引法上、Sは、契約締結前交付書面について説明する場合には、顧客の知識、経験、財産の状況および当該金融商品取引契約を締結する目的に照らして、当該顧客に理解されるために必要な方法および程度による説明をしなければならない。

4）金融商品取引法上、Sは、Aから、当該投資信託の購入経験はないものの、株式投資信託については十分に理解しているので契約締結前交付書面の交付は不要であるとの申出があった場合でも、当該書面の交付を省略することはできない。

・解説と解答・

1）不適切である。改正金融サービス提供法上の重要事項の説明義務に関し、本選択肢にいうような除外規定はない。なお、顧客から重要事項について説明を要しない旨の意思の表明があった場合、改正金融サービス提供法上の重要事項の説明義務は免除される（改正金融サービス提供法4条7項2号）が、金融商品取引法上の書面交付義務・説明義務が免除されるわけではないので注意を要する。

2）適切である。金融商品取引法上の書面交付義務（契約締結前交付書面については金融商品取引法37条の3）は実質的な説明義務といわれ、書面を交付するだけでなく、その重要な事項については顧客に説明することが求められている（金融商品取引法38条9号、金商業等府令117条1項1号）。

3）適切である（金融商品取引法38条9号、金商業等府令117条1項1号）。

4）適切である。契約締結前交付書面の交付については、法令に定められた所定の要件を満たす場合は省略することができるが、顧客からの交付不要の申出は所定の要件に該当しない（金融商品取引法37条の3第1項ただし書、金商業等府令80条）。

正解　1）

【参考】

　令和5年11月29日に「金融商品取引法等の一部を改正する法律」（以下、「改正法」という）が公布された。改正法では「顧客本位の業務運営・金融リテラシー」、「企業開示」および「その他のデジタル化の進展等に対応した顧客等の利便向上・保護に係る施策」などの点においていくつか改正があるなか、「契約締結前等の顧客への情報の提供等に関する規定の整備」が盛り込まれている。

　現行の金融商品取引法では、①契約締結前交付書面（同法37条の3第1項）、②契約締結時等交付書面（同法37条の4第1項）、③最良執行方針（同法40条の2第4項）および最良執行説明書（同条5項）、並びに④運用報告書（同法42条の7）について、原則として書面交付義務が課されているが、改正法では、それぞれの記載事項に係る情報提供義務へと変更される。これは、書面での提供を原則としていた規定（デジタルで情報提供する場合は、顧客の事前の承諾が必要）について、書面とデジタルのどちらで情報提供することも可能とするよう見直されたものである。

　また、改正法の37条の3第2項として「金融商品取引業者等は、契約締結前に顧客に対し情報の提供を行うときは、顧客の知識、経験、財産の状況及び当該金融商品取引契約を締結しようとする目的に照らして、当該顧客に理解されるために必要な方法及び程度により、説明をしなければならない」という内容の規定が設けられる（実質的説明義務（広義の適合性の原則）の法定）。

　改正法の施行日は内容によって異なるが、上記の改正は、公布の日から1年6カ月を超えない範囲内において政令で定める日から施行されるとされている（情報提供におけるデジタル技術の活用に関しては経過措置がある）。

4 － 11　投信窓販④（損失補てん）

《問》K銀行が個人顧客に投資信託を販売する場合における損失補てんに
関する次の記述のうち、最も不適切なものはどれか。

1）K銀行が、顧客に損失が生じた場合において、顧客の損失の全部ま
たは一部を補てんするために顧客に財産上の利益を提供すること
は、「事故」に係る損失の補てんの場合を除いて禁止されている。

2）K銀行が、顧客に損失が生じることとなった場合に顧客の損失の全
部または一部を補てんするために顧客に財産上の利益を提供する旨
を約束することは、「事故」に係る損失の補てんの場合を除いて禁
止されている。

3）K銀行が勧誘の際に断定的判断を提供しており、それに基づいて投
資信託を購入した顧客に損害が生じた場合、K銀行の不法行為に起
因するものであるので、K銀行は、内閣総理大臣の確認を受けるこ
となく損失補てんを行うことができる。

4）K銀行が過失により顧客の注文の事務処理を誤り、それにより顧客
に損害が生じた場合、帳簿書類・顧客の注文の内容の記録により金
融商品事故であることが明らかであるときは、K銀行は、内閣総理
大臣の確認を受けることなく損失補てんを行うことができる。

・解説と解答・

1）適切である（金融商品取引法39条1項3号、3項）。

2）適切である（金融商品取引法39条1項1号、3項）。

3）不適切である。断定的な判断の提供等の法令違反行為を行うことにより顧
客に損失を及ぼした場合は、内閣総理大臣の確認のほか、確定判決がある
とき等所定の場合を除き、事故確認手続を要する（金融商品取引法39条3
項、金商業等府令118条1号ホ、119条）。

4）適切である。金融商品取引業者等が事務処理を誤ることによって顧客に損
失が生じた場合で、帳簿書類または顧客の注文の記録の内容によって事故
であることが明らかな場合には、損失補てんをするにあたって、事故であ
ることの確認は不要とされている（金融商品取引法39条3項、金商業等府
令119条1項11号、118条1号ハ）。

正解　3）

4-12 投信窓販⑤（断定的判断の提供等）

《問》K銀行P支店の資産運用相談担当者Sは、来店した個人顧客Aに対し、主に米国の債券を投資対象とする投資信託の購入を勧誘した。その際、Sは、最近の為替相場推移表を示しながら、「現在の為替相場はこのまま堅調に推移しますので、最低でも年5％の利回りが確保できます。さらに円安が進行すれば、一層の利回りが見込めます」とのセールストークを用いて、Aに対して積極的に購入を勧め、Aから当該投資信託の購入申込みを受けた。この場合に関する次の記述のうち、最も不適切なものはどれか。

1）Sのセールストークは断定的判断の提供等に該当し、Sの勧誘行為は、断定的判断の提供等を禁止している金融商品取引法に抵触する。

2）SのセールストークはSの個人的な見解にすぎず、金融商品取引法で顧客に交付すべきとされている契約締結前交付書面や交付目論見書には当該投資信託は元本保証がないことが記載されているから、Sの勧誘行為は、金融商品取引法に抵触しない。

3）Sのセールストークは断定的判断の提供等に該当するので、Aがそれを信じて当該投資信託を購入し、元本欠損が生じた場合には、Aは改正金融サービス提供法に基づき、元本欠損額を損害額として、K銀行に対して賠償請求することができる。

4）Sのセールストークは断定的判断の提供等に該当するので、その内容が確実であると誤認して当該投資信託を購入したAは、消費者契約法に基づき、その申込みを取り消すことができる。

・解説と解答・

1）適切である。金融商品取引法においては、金融商品取引業者や登録金融機関が、不確実な事項について断定的な判断を提供し、または確実であると誤認させるおそれのあることを告げて勧誘することを禁止している（金融商品取引法38条2号）。

2）不適切である。Sのセールストークは、個人的見解にすぎないとはいえず、為替相場の動向という不確実な事項についての断定的判断の提供等に該当すると考えられ、金融商品取引法に抵触する（金融商品取引法38条2

号）。

3）適切である。改正金融サービス提供法では、金融商品販売業者等の断定的な判断の提供等によるセールストークを信じて金融商品を購入し、それによって元本欠損の損害を生じた場合、顧客は金融商品販売業者等に損害賠償請求することができるとし、この場合には元本欠損額を損害額として推定する旨を定めている（改正金融サービス提供法5条、6条、7条）。

4）適切である。消費者契約法では、事業者（銀行）が消費者（個人顧客）に対し将来の価額等の変動が不確実である事項について断定的な判断を提供し、消費者がその内容を確実であると誤認して、それによって契約の申込みをした場合は、消費者は、その申込みを取り消すことができるものとしている（消費者契約法4条1項2号）。

正解　2）

4－13　複雑な仕組債等の販売勧誘に係る「協会員の投資勧誘、顧客管理等に関する規則」等の一部改正

《問》日本証券業協会が2023年4月18日に公表した「複雑な仕組債等の販売勧誘に係る「協会員の投資勧誘、顧客管理等に関する規則」等の一部改正について」に関する次の記述のうち、最も適切なものはどれか。なお、本問における顧客は「一般投資家（金融商品取引法上の特定投資家以外の者）」とする。

1）複雑な仕組債等の商品説明書などの広告表示において、銘柄名の前に「複雑な仕組債」である旨を明示する必要はないとされている。

2）複雑な仕組債等について営業員へ研修を行う場合、商品自体のリスクや商品性だけでなく、当該複雑な仕組債等の勧誘を受ける顧客の行動特性（リスクを過小評価／リターンを過大評価する傾向等）や自社に寄せられた仕組債等に関する苦情の状況等を踏まえた研修プログラムが有効とされ、必ず研修内容に関するテストを行うことが求められている。

3）複雑な仕組債等のインターネット販売においては、顧客は自ら商品を選択し購入しているので、顧客から確認書を徴求する際に、インターネット取引の画面を通じて当該複雑な仕組債等の「販売対象顧客」の範囲をわかりやすく示したうえで、顧客自身が当該範囲に合致しているか否かについて意思表示を行うことまでは求められていない。

4）複雑な仕組債等については、少なくとも、デリバティブ取引に類するという商品性やリスクとリターンを理解することができない顧客や参照指標の動向についての見通しをもち得る知見・知識を有しない顧客が勧誘対象に含まれないよう、一定の投資経験がない顧客は、たとえ他の基準を満たしていたとしても勧誘対象に含まれることのないように基準を設定する必要があるとされている。

● 解説と解答 ●

当該改正において、店頭デリバティブ取引に類する複雑な仕組債および店頭デリバティブ取引に類する複雑な投資信託（以下、「複雑な仕組債等」という）については、合理的根拠適合性の検証、勧誘開始基準の設定、重要事項の説明

に関して、それぞれの考え方（ガイドライン）を示すことにより、協会員に対し適切な販売勧誘態勢の整備を求めている。

改正のポイントは以下のとおり。なお、「協会員の投資勧誘、顧客管理等に関する規則第 3 条第 3 項の考え方」を「合理的根拠適合性ガイドライン」、「協会員の投資勧誘、顧客管理等に関する規則第 5 条第 2 項の考え方」を「勧誘開始基準ガイドライン」、「協会員の投資勧誘、顧客管理等に関する規則第 3 条第 4 項の考え方」を「重要事項説明ガイドライン」とする。

課題		各ガイドライン（以下、「GL」という）改正対応
顧客本位の業務運営の推進	トップマネジメントの関与（合理的根拠適合性 GL）	・複雑でリスクが高い商品については、トップマネジメント（経営陣）が合理的根拠適合性の検証に適切に関与 ・販売対象顧客と購入顧客との乖離や苦情の状況等をトップマネジメントが把握し、必要に応じて検証態勢や販売勧誘態勢を見直し
	仕組債が顧客に適している旨の説明（重要事項説明 GL）	・販売対象顧客の属性、顧客の資金の性質、商品性等に照らして、当該仕組債の購入が顧客に適している旨とその理由の説明
	各社におけるベストプラクティスの追求（合理的根拠適合性 GL、勧誘開始基準 GL）	・GL に記載の内容にとどまらず、顧客本位の業務運営の観点から、各社においてベストプラクティスを目指して創意工夫を行う必要がある旨を記載
適切な顧客選別の必要性	勧誘開始基準の具体化（勧誘開始基準 GL）	・勧誘対象に含まれない顧客（一定の投資経験のない顧客、安定運用を目的としている顧客等）を具体的に例示 ・投資目的のみではなく、投資経験、顧客の理解力、リスク許容度等その他の事項を総合的に勘案して基準を設定する旨を記載
	販売商品の検証（合理的根拠適合性 GL）	・自社で取り扱った仕組債のリスクリターンを分析した上で販売しようとする仕組債のリスクリターンの妥当性を検証するなど定量的かつ一貫した方法で検証することを記載 ・仕組債の理論価格を入手し、販売価格との妥当性を検証するなど定量的かつ合理的な方法で検証することを記載 ・適合する顧客の確認について、コンプライアンス部門の関与を必須とすることを記載

	販売対象顧客の選定（合理的根拠適合性GL）	• 販売対象顧客の選定の基準（想定顧客属性との整合性、リスク許容度、参照指標の見通しをもつことができる投資経験や知見等）を具体的に例示 • 販売対象顧客に適合しないことが明らかな顧客に対しては勧誘を行わないことを記載
商品性・リスクに対する顧客の理解度向上 ➡	顧客の正しい理解のための説明事項（重要事項説明GL）	• 顧客に説明すべき重要事項（「複雑な仕組債」であること、ノックイン条件、早期償還条件等）の追加 • 重要事項の理解を妨げるものとして、当該仕組債が高金利、高格付、政府保証付、確定利付であることを過度に強調することのないよう留意することを追加
	顧客の理解に資する広告表示（広告指針）	• 仕組債の商品説明書などの広告表示の具体的留意点（銘柄名の前に「複雑な仕組債」である旨明示、ノックイン条件やノックアウト条件の分かりやすい表記等）の追加
	注意喚起文書の交付頻度の変更（投資勧誘規則）	• 注意喚起文書の交付省略規定の見直し
	注意喚起文書・確認書を顧客の理解しやすい表示に見直し（注意喚起文書・確認書参考様式）	• 注意喚起文書・確認書の参考様式について、行動経済学の知見等も取り入れ、顧客の理解しやすい表示や形式的な確認を防ぐチェック方法になるよう見直し
社内教育等の拡充 ➡	役職員への周知・教育（合理的根拠適合性GL）	• 仕組債の商品性や販売方法等について社内周知にとどまらず、必要に応じて営業員への研修を実施することを記載 • 営業員への研修内容について顧客による行動特性（リスクを過小評価／リターンを過大評価する傾向等）や自社に寄せられた仕組債に関する苦情の状況等を踏まえたプログラムとすることを記載
販売形態等の多様化への対応 ➡	インターネット販売・仲介・顧客紹介を利用する場合の留意点（合理的根拠適合性GL）	• インターネット販売・仲介・顧客紹介を利用する場合にも販売対象顧客以外への販売が広がらないようにするための留意点を記載

1）不適切である。原則として名称（銘柄名）の前方に「複雑な仕組債」と表示したうえで、名称（銘柄名）の近くの顧客の目につきやすい箇所にわかりやすくリスク特性について表示を行うこととされている。「広告等に関する指針」第2部Ⅲ.4.⑽①

2）不適切である。必要に応じて研修内容に関するテストを行い、営業員の理解度を確認することも考えられるが、必ず求められることではない。「協会員の投資勧誘、顧客管理等に関する規則第3条第3項の考え方」（合理的根拠適合性ガイドライン）3.(2)

3）不適切である。インターネット販売においても、「販売対象顧客」の範囲に沿った販売がされるよう、画面上での顧客の意思表示の仕組みや表示等を工夫する必要があるとされている。「協会員の投資勧誘、顧客管理等に関する規則第3条第3項の考え方」（合理的根拠適合性ガイドライン）2.(3)

4）適切である。「協会員の投資勧誘、顧客管理等に関する規則第5条の2の考え方」（勧誘開始基準ガイドライン）問3－1.

<u>正解　4）</u>

4－14　保険窓販①（非公開金融情報の利用）

《問》銀行等の保険窓販については、弊害防止措置の１つとして非公開金融情報保護措置および非公開保険情報保護措置が設けられている。非公開金融情報の利用に関する次の記述のうち、最も適切なものはどれか。

1) 非公開金融情報、非公開保険情報には、氏名、住所、生年月日等の顧客の属性に関する情報は含まれない。

2) 非公開金融情報の利用については、顧客から書面その他の適切な方法による同意を得れば、それが事後的であっても保険募集に係る業務に利用することができる。

3) 顧客の同意を得ていなくとも、一定の金額以上の預金や金融資産を有する顧客を選定し、もっぱら保険募集のための顧客リストを作成することは容認されている。

4) 銀行等に来店した顧客の同意を得るには、保険契約の勧誘に先立って非公開金融情報の利用について書面による説明を行い、同意を得た旨を記録する方法によるものとされ、書面による同意を得ることまでは求められていない。

・解説と解答・

1) 適切である（保険業法施行規則212条２項１号イ、ロ）。

2) 不適切である。顧客の同意は、保険募集に係る業務を行う前に書面その他の適切な方法により得る必要がある（保険業法施行規則212条２項１号イ）。

3) 不適切である。本選択肢の場合は、非公開金融情報を保険募集に係る業務に利用するものとされ、顧客の書面その他の適切な方法による同意が必要となる（金融庁・2007年12月21日公表「「保険会社向けの総合的な監督指針」の一部改正について」に係る「コメントの概要及びコメントに対する金融庁の考え方」10頁・No.7）。

4) 不適切である。対面の場合、非公開金融情報の利用について保険募集に係る業務に先立って顧客に書面により説明し、同意を得た旨を記録し、契約申込みまでに書面による同意を得ることが求められている（保険会社向けの総合的な監督指針Ⅱ－4－2－6－2⑴①）。

正解　1)

4-15　保険窓販②（書面の交付・説明義務）

《問》外貨建て個人年金保険の個人顧客（特定投資家ではない）への勧誘
　に関する次の記述のうち、最も不適切なものはどれか。
1）外貨建て個人年金保険については、特定保険契約に該当し、保険業
　法の規定が適用されるだけでなく、準用されている金融商品取引法
　の行為規制が適用される。
2）外貨建て個人年金保険を勧誘しようとするときは、あらかじめ顧客
　に対し「契約概要」を交付する必要があるが、「契約概要」につい
　ては、単に書面を交付すれば足りるというものではなく、内容を説
　明のうえ、顧客の理解状況を確認するなど、実質的な説明義務の履
　行が求められる。
3）「注意喚起情報」は、顧客が保険契約を締結した際に、保険約款と
　併せて交付しなければならない。
4）「契約概要」と「注意喚起情報」については、顧客から交付不要の
　申出があった場合でも、そのことを理由として、その交付を省略す
　ることはできない。

・解説と解答・

1）適切である。変額保険・外貨建保険等の「特定保険契約」の締結またはそ
　の代理・媒介については、一部の規定を除いて、金融商品取引法の行為規
　制が準用されている（保険業法300条の2）。
2）適切である。「契約概要」と「注意喚起情報」は契約締結前交付書面に該
　当し、金融機関が特定保険契約の締結の媒介をしようとするときは、あら
　かじめ顧客に対し「契約概要」と「注意喚起情報」を交付して、保険の仕
　組みやリスク等について説明しなければならない（保険業法300条の2、
　金融商品取引法37条の3、保険会社向けの総合的な監督指針Ⅱ—4—2—
　2(2)）。
3）不適切である。「注意喚起情報」は契約締結前交付書面に該当すること
　ら、金融機関が特定保険契約の締結の媒介をしようとするときは、「契約
　概要」と同様に、あらかじめ顧客に対し「注意喚起情報」を交付して、保
　険の仕組みやリスク等について説明しなければならない（保険業法300条
　の2、金融商品取引法37条の3、保険会社向けの総合的な監督指針Ⅱ—4

—2—2(2))。

4）適切である。「契約概要」と「注意喚起情報」は契約締結前交付書面に該当することから、その交付を要しない場合については限定列挙されており、顧客から交付不要の申出があった場合でも、そのことを理由として交付を省略することはできない（保険業法300条の2、金融商品取引法37条の3第1項、保険業法施行規則234条の22、保険会社向けの総合的な監督指針Ⅱ—4—2—2(2))。

正解　3）

4－16　保険窓販③（不適切な勧誘・募集）

《問》K銀行P支店の保険窓口販売担当者Sが行った勧誘・募集行為に関する次の記述のうち、法令等遵守の原則に抵触するおそれのない行為として、最も適切なものはどれか。

1）変額個人年金保険の勧誘にあたって、個人顧客Aから、「各保険会社の保険商品のメリット・デメリットを比較した資料がほしい」と要請されたので、Sは、自分の推奨する変額個人年金保険のメリットである保険料の安さのみを強調した資料を作成してAに渡した。

2）変額個人年金保険の勧誘にあたって、個人顧客Bから、「保険料の一部をキャッシュバックするのであれば変額個人年金保険に加入する」と要求されたので、Sは、保険料の割戻しを約束してBの申込みを受け付けた。

3）終身保険の申込書を顧客Cから徴求するに際し、契約者であり被保険者であるC本人から、「妻に署名・押印は任せた」との連絡があったが、Sは、特にやむをえない事情がCにあるわけではなかったので、C本人の自署を求めることとした。

4）終身保険を既に締結している顧客Dに対して、Sは、終身保険を解約した場合に解約返戻金が払込保険料を下回ることを説明せずに、「総合的にみれば老後の安心に役立つから」と提案して、変額個人年金保険への乗換えを勧誘した。

・解説と解答・

1）不適切である。顧客（保険契約者または被保険者）に比較情報を提供して勧誘することは認められているが、保険料の安さのみを強調した比較のように、商品の長所のみをことさらに強調した比較表示を行うことは、顧客の誤解を招くおそれがあることから禁止されている（保険業法300条1項6号、保険会社向けの総合的な監督指針Ⅱ－4－2－2(9)②ウ.）。

2）不適切である。保険契約者または被保険者に対して、保険料の割引、割戻しその他特別の利益の提供を約束したり、提供したりする行為は禁止されており（保険業法300条1項5号）、キャッシュバックは、保険料の一部の割戻しに該当する。

3）適切である。保険の申込みについては、本人の意思確認のために、申込書

には本人が自署または記名押印することが求められている。本人の同意が
あっても、その後の苦情や事故を防止するため、やむをえない事情がある
場合を除き、代筆等を認めるべきではないとされている。

4）不適切である。保険の乗換勧誘については、解約返戻金が払込保険料を下
回ることなど、顧客に不利益な事実を説明することなく募集勧誘を行うこ
とが禁止されている（保険業法300条1項4号）。

<u>正解　3）</u>

4-17　その他の付随業務

《問》K銀行P支店では、取引先の資産家Aから、父親の死亡による相続に係る相続財産の整理と今後の対応等について相談を受けた。この場合において、K銀行がAのために行った業務に関する次の記述のうち、K銀行が行いうる業務として、最も適切なものはどれか。なお、K銀行は、信託銀行ではなく、信託業務の取次ぎも行っていないものとする。

1) AからAの父親が保有していた遊休不動産の売却を依頼されて、P支店の取引先である会社を紹介して売却を媒介し、その対価としてP支店は媒介手数料を受け取った。

2) AからAの父親が保有していた未公開株の売却を依頼されて、P支店の顧客を紹介して売却を媒介し、その対価としてP支店は媒介手数料を受け取った。

3) AからA自身が死亡したときにP支店の職員がその遺言執行業務を行うことを依頼されて、P支店の職員が遺言執行者に就任することを約束し、その対価としてP支店は受任手数料を受け取った。

4) AからAの父親が経営していた病院の売却を依頼されて、P支店の取引先である投資ファンドを紹介し、その対価としてP支店はM＆A業務に係る手数料を受け取った。

・解説と解答・

1) 不適切である。宅地建物取引業に該当し、宅地建物取引業を営むことができる一部の信託銀行を除いて行うことができない（宅地建物取引業法2条2号、12条1項、3条1項）。

2) 不適切である。有価証券の売買の媒介に該当し、証券会社（第一種金融商品取引業者）でなければ行うことができない（金融商品取引法28条1項1号、2条8項2号、29条）。

3) 不適切である。銀行の職員が営業として遺言執行者に就任することは、信託兼営法に定める財産に関する遺言の執行（同法1条1項4号）に該当し、信託銀行（信託兼営銀行）でなければ行うことができない。

4) 適切である。「その他の付随業務」であるM＆Aに関する業務に該当し、銀行が行うことができる（銀行法10条2項柱書、主要行等向けの総合的な

監督指針Ⅴ—3—2—2(1)、中小・地域金融機関向けの総合的な監督指針
Ⅲ—4—2—2(1))。

正解 4）

4-18　信託契約代理店

《問》K信用金庫は、G信託銀行の信託契約代理店となる予定である。K
信用金庫が信託契約代理店として業務を行うにあたって遵守すべ
き信託業法等に基づく規制に関する次の記述のうち、最も適切なも
のはどれか。
1）K信用金庫がG信託銀行の委託を受けて信託契約代理業を営むにあ
たっては、内閣総理大臣の認可を受ける必要はない。
2）代理店業務に関してK信用金庫が顧客と取引を行う場合には、あら
かじめ顧客に対して、G信託銀行の商号、信託契約の締結を代理す
るか媒介するかの別等を明らかにしなければならない。
3）代理店業務に関してK信用金庫が顧客から預託を受けた財産につい
ては、K信用金庫は、自己の固有財産と分別管理する必要がある
が、他の顧客から信託契約の締結に関して預託を受けた財産と分別
管理する必要はない。
4）代理店業務に関してK信用金庫が顧客に損害を与えた場合であって
も、G信託銀行はその損害を賠償する責任を負わない。

・解説と解答・

1）不適切である。銀行その他の金融機関が信託業法上の信託契約代理業を営
むにあたっては、信託業法に基づく内閣総理大臣の登録ではなく、信託兼
営法上の内閣総理大臣の認可を受ける必要がある（信託兼営法1条1項、
信託業法2条8項）。
2）適切である。信託契約代理店は、信託契約代理業を営む場合、あらかじめ
顧客に対し、所属信託会社（本問の場合は、信託兼営金融機関である信託
銀行）の商号および信託契約の締結を代理するか媒介するかの別等を明示
する必要がある（信託兼営法2条2項、信託業法74条、同法施行規則76
条）。
3）不適切である。信託契約代理店は、信託契約代理業に関して顧客から財産
の預託を受けた場合は、自己の固有財産および他の信託契約の締結に関し
て預託を受けた財産と分別して管理しなければならない（信託兼営法2条
2項、信託業法75条）。
4）不適切である。信託契約代理店が行った信託契約代理業に関して顧客に損

害を与えた場合、原則として所属信託会社（本問の場合は、信託兼営金融機関である信託銀行）は損害賠償責任を負う。ただし、所属信託会社が信託契約代理店への委託について相当の注意をし、かつ損害発生の防止に努めた場合は義務を免れるとされている（信託兼営法2条2項、信託業法85条）。

<u>正解　2）</u>

第 5 章

金融機関経営

5－1　内部統制システム①

《問》K銀行における業務の適正を確保するために必要な体制（内部統制システム）の整備に関する次の記述のうち、最も不適切なものはどれか。なお、K銀行は、上場会社であり、指名委員会等設置会社および監査等委員会設置会社ではないものとする。

1）内部統制システムの構築に関する大綱については、取締役会において決定しなければならない。

2）銀行の監査役は業務監査の職責を担っていることから、取締役が内部管理態勢（いわゆる内部統制システム）の構築を行っているか否かを監査する職務を担っており、これが監査役としての善管注意義務の内容を構成することを理解し、その義務を適切に果たさなければならない。

3）銀行が内部統制システムを整備するにあたっては、反社会的勢力による被害の防止について内部統制システムに明確に位置付ける必要はない。

4）金融商品取引法に基づき、事業年度ごとに内部統制報告書を作成し、有価証券報告書と併せて内閣総理大臣に提出しなければならない。

・解説と解答・

　銀行は、株式会社であり取締役会を置かなくてはならないとされており（銀行法4条の2第1号）、会社法上は、取締役会設置会社ということになる。さらに、最低でも20億円の資本金を備えなくてはならないことから（銀行法5条1項、同法施行令3条）、会社法上は大会社に分類される（会社法2条6号イ）。したがって、銀行はすべて会社法上の内部統制システム（取締役の職務の執行が法令及び定款に適合することを確保するための体制その他株式会社の業務並びに当該株式会社及びその子会社から成る企業集団の業務の適正を確保するために必要なものとして法務省令で定める体制）を構築・整備することを義務づけられる（会社法362条4項6号、5項）。

1）適切である。会社法は、内部統制システム（体制）の整備については、取締役会はその決定を取締役に委任することができないとしている（同法362条4項6号）が、ここでいう「体制」とは、内部統制システムの構築

に関する大綱であると解されており、内部統制システムの構築に関する細目については、取締役会で決定された大綱に従い、代表取締役等が決定することができる。

2）適切である。

3）不適切である。内部統制システムにおいて定めるべき体制として、「当該株式会社の損失の危機の管理に関する規程その他の体制」（会社法施行規則100条 1 項 2 号）や、「当該株式会社の使用人の職務の執行が法令及び定款に適合することを確保するための体制」（同項 4 号）がある。「企業が反社会的勢力による被害を防止するための指針」（2007年 6 月19日犯罪対策閣僚会議幹事会申合せ）の 3 では、「反社会的勢力による被害の防止は、業務の適正を確保するために必要な法令等遵守・リスク管理事項として、内部統制システムに明確に位置付けることが必要である」と明記している。

4）適切である。上場会社等は、事業年度ごとに、「当該会社の属する企業集団及び当該会社に係る財務計算に関する書類その他の情報の適正性を確保するために必要な体制として内閣府令で定めるもの」として、「当該会社における財務報告が法令等に従って適正に作成されるための体制」について評価した報告書（内部統制報告書）を、有価証券報告書と併せて内閣総理大臣に提出しなければならない（金融商品取引法24条の 4 の 4 第 1 項、財務計算に関する書類その他の情報の適正性を確保するための体制に関する内閣府令 3 条）。

<u>正解　3 ）</u>

5−2　内部統制システム②

《問》K銀行における業務の適正を確保するために必要な体制（内部統制システム）の整備に関する次の記述のうち、最も不適切なものはどれか。なお、K銀行は、上場会社であり、指名委員会等設置会社および監査等委員会設置会社ではないものとする。

1）内部統制システムの構築に関する細目の決定は、代表取締役等に委ねることができる。

2）取締役会は、取締役の職務の執行について、法令および定款に適合することを確保するための体制の整備に加えて、効率的に行われることを確保するための体制を整備することが必要である。

3）内部統制システムの整備は、会社の経営管理の観点から必要とされるものであるので、取締役会は、行員の職務の執行が法令および定款に適合することを確保するための体制を整備することまでは求められていない。

4）取締役会は、K銀行およびその子会社における損失の危険の管理に関する規程その他の体制を整備することが必要である。

・解説と解答・

1）適切である。会社法362条4項6号は、内部統制システム（体制）の整備については、取締役会はその決定を取締役に委任することができないとしているが、ここでいう「体制」とは、内部統制システムの構築に関する大綱であると解されており、内部統制システムの構築に関する細目については、取締役会で決定された大綱に従い、代表取締役等が決定することができる。

2）適切である（会社法362条4項6号、同法施行規則100条1項3号）。

3）不適切である。「使用人の職務の執行が法令及び定款に適合することを確保するための体制」も、内部統制システムの一環として整備すべきものと定められている（会社法362条4項6号、同法施行規則100条1項4号）。

4）適切である。当該会社の「損失の危険の管理に関する規程その他の体制を整備すること」に加え、その子会社に係る損失についても上記体制を整備することが必要である（会社法362条4項6号、同法施行規則100条1項2号、同項5号ロ）。

<u>正解　3）</u>

5-3　取締役の利益相反取引

《問》製造業を営むG社の代表取締役AがK銀行の社外取締役に就任している場合において、K銀行がAまたはG社との間で行う取引に関する次の記述のうち、最も不適切なものはどれか。なお、K銀行の定款において、利益相反取引に係る取締役会の承認決議につき、銀行法で定める割合を上回る特別の定めはないものとする。

1）AがK銀行に開設した総合口座において一般の顧客と同一の条件で定期預金を担保としたK銀行からの借入れを行うにあたっては、K銀行の取締役会の承認を得る必要はない。

2）AがK銀行から住宅ローンの借入れを行うにあたっては、当該住宅ローンの条件がK銀行の一般の個人顧客に対する住宅ローンの通常の条件と比べて特に有利なものでなければ、K銀行の取締役会の承認を得る必要はない。

3）G社が他の金融機関から借入れを行うにあたり、K銀行がG社の債務につき当該金融機関に対して保証を行う場合は、利益相反取引に該当するので、K銀行の取締役会の承認を得る必要がある。

4）AがK銀行から信用の供与を受ける利益相反取引について、AがK銀行の取締役会の承認を得る場合、Aを除いた取締役の過半数が出席するK銀行の取締役会において、原則としてその出席取締役の3分の2以上の賛成を得なければならない。

・解説と解答・

1）適切である。総合口座において定期預金等を担保にして行われる貸付のように、一般向けに適用される規定や約款に基づき一般の顧客と同一の条件で取引をする定型的な取引であって、会社に不利益を与える可能性のない取引については、形式上、利益相反取引に該当しても、取締役会の承認は不要であると解されている。

2）不適切である。一般に、株式会社の取締役が、その会社から資金を借り入れる行為は、会社法上の利益相反取引に該当し、取締役会設置会社においては取締役会の承認を得なければならない（会社法356条1項2号、365条1項）。住宅ローンは借入人の信用力や担保によって貸付条件が異なりうるので、一般の個人顧客に対する住宅ローンの条件と比べて特に有利なも

のでなくても、取締役会の承認が必要となることに変わりはない。なお、銀行の取締役が当該銀行から信用の供与を受ける場合、その条件は、当該銀行の信用の供与の通常の条件に照らして、当該銀行に不利益を与えるものであってはならない（銀行法14条1項）とされていることに留意が必要である。

3）適切である。会社が取締役の債務や取締役が代表する会社の債務を保証する場合のようないわゆる間接取引についても、利益相反取引として取締役会の承認が必要である（会社法356条1項3号、365条1項）。

4）適切である。銀行の取締役が当該銀行から信用の供与を受ける場合の取締役会の承認決議の要件は、通常よりも加重され、信用の供与を受ける取締役を除いた取締役の過半数が出席する取締役会において、当該出席取締役の3分の2以上に当たる多数の賛成を得なければならない（銀行法14条2項、会社法369条1項）。ただし、銀行の定款に上記の割合を上回る特別の定めがある場合は、それによることになる。

<u>正解　2）</u>

5-4　取締役会の運営・取締役の責任

《問》K銀行における取締役会の運営や取締役の責任等に関する次の記述のうち、最も不適切なものはどれか。なお、K銀行は上場会社であり、指名委員会等設置会社および監査等委員会設置会社ではないものとする。

1）K銀行の取締役会における決議は、銀行法の規定により、すべての議案について、議決に加わることのできる取締役の過半数が出席し、出席した取締役の3分の2以上の多数をもって行わなければならない。

2）取締役会で決議を行う場合、当該決議について特別の利害関係を有する取締役は、その議決に参加することはできない。

3）取締役は、その任務を怠ったときは、K銀行に対し、原則としてそれによって生じた損害を賠償する責任を負う。

4）取締役は、自己のためにK銀行と利益相反取引をする場合には、取締役会において、当該取引につき重要な事実を開示し、その承認を受けなければならない。

・解説と解答・

1）不適切である。銀行の取締役会の決議において出席した取締役の3分の2以上の多数を必要とするのは、取締役や執行役が当該銀行から信用の供与を受ける場合である（銀行法14条2項、会社法369条1項）。

2）適切である。当該決議について特別の利害関係を有する取締役は、その議決に加わることができない（会社法369条2項）。

3）適切である（会社法423条1項）。

4）適切である（会社法356条1項2号、365条1項）。

正解　1）

5－5 取締役の兼職制限

《問》QおよびRは、いずれもK銀行の取締役である。Qは、K銀行の常
務取締役としてK銀行の業務に従事している。一方、Rは、製造業
を営むG社の代表取締役としてG社の経営に携わるかたわら、非常
勤の社外取締役としてK銀行の取締役を務めている。QおよびRの
兼職に関する次の記述のうち、最も不適切なものはどれか。なお、
K銀行は指名委員会等設置会社ではないものとする。
1）K銀行の常務に従事する取締役が他の会社の常務に従事することに
ついての内閣総理大臣の認可は、K銀行の業務の健全かつ適切な運
営を妨げるおそれがないと認められる場合でなければ受けることが
できない。
2）Qが、K銀行の子会社であるクレジットカード会社L社の代表取締
役を兼職するにあたっては、内閣総理大臣の認可を受ける必要があ
る。
3）Qが、金融制度の調査・研究を目的とする公益社団法人の理事を兼
職するにあたっては、内閣総理大臣の認可を受ける必要がある。
4）Rが、K銀行の非常勤の社外取締役を兼職するにあたっては、内閣
総理大臣の認可を受ける必要はない。

・解説と解答・

1）適切である。内閣総理大臣は、当該銀行の業務の健全かつ適切な運営を妨
げるおそれがないと認められる場合でなければ、これを認可してはならな
い（銀行法7条2項）。
2）適切である。銀行の常務に従事する取締役（指名委員会等設置会社にあっ
ては執行役）は、内閣総理大臣の認可を受けた場合を除くほか、他の会社
の常務に従事してはならない（銀行法7条1項）。ここでいう「常務」と
は、一般に通常の業務・日常の業務と解され、常勤取締役や執行役等が該
当する。また、「会社」とは、会社法上の会社を意味するものと解されて
いる。したがって、本選択肢の場合は認可を受けることが必要である。
3）不適切である。「他の会社の常務に従事」するという場合の「会社」と
は、会社法上の会社を意味するものと解されており、社団法人・社会福祉
法人などの法人や団体等は、これに含まれない。したがって、本選択肢の

場合は認可を受ける必要はない。

4）適切である。Rは、G社の代表取締役であるが、K銀行については非常勤の社外取締役であるため、「銀行の常務に従事する取締役」という要件には該当しない。したがって、本選択肢の場合は認可を受ける必要はない。

<u>正解　3）</u>

5－6　救済融資と経営判断の原則

《問》K銀行は、長年の取引先であり経営が苦境に陥っているG社に対して救済融資を行ったが、G社が経営再建に失敗したことから、G社に対する融資の回収が不能となり、K銀行は損害を被ることとなった。この場合において、K銀行の取締役の経営判断が善管注意義務に違反しないとされるために必要とされる事項として、最も不適切なものは次のうちどれか。

1）意思決定過程が合理的であること
2）意思決定が、取締役の利益または第三者の利益でなく、銀行の利益を第一に考えてなされていること
3）意思決定内容が、通常の企業経営者として明らかに不合理でないこと
4）取締役会において、取締役全員がその意思決定に賛成したこと

• 解説と解答 •

1）適切である。取締役がその職務の執行にあたって善管注意義務を尽くしたか否かを判断するにあたって、取締役の経営判断は、不確実な状況のもとで迅速にこれを行う必要があることなどから、広い裁量が認められるべきであると考えられている。そこで、判例は、取締役の善管注意義務違反の有無を判断するにあたって、意思決定の過程・内容に著しい不合理性がないか等に基づいて行われるべきものとし（最一小判平22.7.15金法1916号89頁）、事後的、結果論的な評価がなされてはならないとしている。このようなルールを「経営判断の原則」という。
2）適切である。
3）適切である。1）の解説参照。
4）不適切である。取締役会における取締役全員の賛成がなければ常に善管注意義務に違反するとされるわけではない。

正解　4）

5－7　管理者の不祥事件等への対応

《問》K銀行P支店の支店長Sは、部下の職員の犯した使い込み事件を表ざたにすると暴力団員に脅され、穏便に処理するため、焦げつきが発生するのが確実であったにもかかわらず担保をとらずに融資に応じ、焦げつかせてしまった。Sの行為に関する次の記述のうち、最も適切なものはどれか。

1）職員の使い込み事件が表ざたになり、K銀行が信用を失墜する損失は計り知れないので、当該融資の焦げつきによる損失はやむを得ない。
2）融資取引で焦げつきが発生するのは、ある程度はやむを得ないので、Sが刑事責任を問われることはない。
3）Sは恐喝の被害者であり、同情すべき点はあるが、暴力団員に脅された時点で警察の協力を求めるなどの対応をとらなかったことは、コンプライアンス上問題とされる。
4）Sは恐喝の被害者であり、Sの行為が、会社法の特別背任罪に問われる可能性はない。

・解説と解答・

1）不適切である。不祥事件の発生とは別にそれを隠そうとすることが問題になる。不祥事件が発生した際には直ちに当局へ届け出し（銀行法53条1項8号、同法施行規則35条1項38号）、事件の再発防止策等を講ずることが肝要である。
2）不適切である。暴力団の脅しに応じた融資は、最初から回収できないことが予想され、無担保で融資を行って焦げつかせ、これにより銀行に財産上の損害を与えた場合、自己または第三者の利益を図りまたは会社に損害を加える目的で、その任務に背く行為をし、会社に損害を加えたとして、刑事罰である特別背任罪（会社法960条1項6号）に問われる可能性が高い。
3）適切である。恐喝罪（刑法249条）の被害者であったとしても、脅された時点で警察に届け出て協力を求め、毅然とした対応をとるべきであり、それをせずに職員の不祥事を隠ぺいするために無担保融資に応じた行為は、コンプライアンス上問題になる。
4）不適切である。本事件は、支店長という大きな権限を与えられた者が、暴

力団員の利益を図り、銀行に損害を加える目的で、その任務に背く行為をなし、銀行に財産上の損害を加えたことになり、特別背任罪（会社法960条1項6号）に問われる可能性が高い。

正解　3）

5−8　特定関係者との取引（アームズ・レングス・ルール）

《問》K銀行が行った取引に関する次の記述のうち、銀行法上のいわゆる
「アームズ・レングス・ルール」に抵触するおそれのない取引とし
て、最も適切なものはどれか。

1）K銀行の子会社であるJ社の経営状況が思わしくないことから、そ
の業績を早急に回復させるための救済融資として、内閣総理大臣の
承認を受けることなく、J社に対し、一般の取引先に対しては適用
しないような低利の融資を行った。

2）K銀行が、その子会社であるL社から外貨預金を受け入れるにあた
り、L社と同規模の法人顧客に対して一般に適用していた条件を適
用したが、その後に急激な円安が進行した結果、L社に多大の利益
をもたらすこととなった。

3）K銀行の子会社M社所有の店舗用不動産をK銀行が買い取るにあた
り、その市場価格がM社の取得時よりも大幅に値上りしていたにも
かかわらず、K銀行は、M社の取得原価と同額で買い取った。

4）K銀行の証券子会社N社が引き受けた社債を顧客に販売するにあた
り、K銀行が、K銀行の顧客に対するものよりも有利な条件で、N
社の顧客に対して社債の購入資金を貸し付けた。

・解説と解答・

1）不適切である。金利の条件において銀行に不利益を与えるような融資を特
定関係者である子会社に対して行うことは、原則として「アームズ・レン
グス・ルール」に抵触する。ただし、そのような条件によるいわゆる救済
融資であっても、やむをえない理由があるものとして内閣総理大臣の承認
を受けた場合には認められる（銀行法13条の2ただし書、同法施行規則14
条の8第1項3号）。

2）適切である。銀行の子会社は特定関係者に該当するが、K銀行の通常の取
引条件と同様の条件で取引が行われる限り、その結果としてその子会社に
利益が生じたとしても、特定関係者との間の不当な取引には当たらない。

3）不適切である。通常の取引条件に照らして、売買価格などの面で銀行に利
益をもたらすような銀行に有利な取引であっても、特定関係者に不当に不
利益を与えるものは、規制の対象となる（銀行法13条の2第2号、同法施

行規則14条の11第2号)。

4) 不適切である。特定関係者の顧客との間の取引も「アームズ・レングス・ルール」の対象となる（銀行法13条の2柱書）。また、本選択肢のような形で、いわゆるバック・ファイナンスを供与すること自体が許されないことが通例であることにも注意する必要がある（金融商品取引法44条の3第1項4号、金商業等府令153条1項5号）

正解　2）

５－９　株主の権利行使に関する利益供与

《問》K銀行における株主への対応に関する次の記述のうち、株主の権利
　行使に関する利益供与の禁止に抵触しないものはどれか。

1) K銀行の行員の福利厚生を目的として、毎年１回、K銀行の従業員
持株会に対して積立金の５％に相当する持株奨励金を無償で供与し
てきたが、制度上、議決権の行使について各持株会員の独立性が確
保されているなど、当該奨励金の供与が株主の権利の行使に関する
ものではないことが明らかであることを確認したうえ、当該持株奨
励金の供与を継続することとした。

2) 短期間のうちにK銀行の株式を５％近く取得するに至った投資ファ
ンドAが株主総会において銀行提案の議案に反対することを防ぐた
め、Aがいわゆる総会屋でないことを確認のうえ、K銀行が資金を
提供して、K銀行とは資本関係のないB社にAが保有するK銀行の
全株式を時価よりも高い価格で買い取ってもらうこととした。

3) K銀行の株主で、いわゆる総会屋のCが株主総会を紛糾させないよ
う、K銀行の保有施設である保養所をCに無償で利用させることと
した。

4) K銀行の株主で、いわゆる総会屋のDが、Dの経営する出版社発行
の月刊誌の定期購読を求めてきたので、K銀行としては謝絶するこ
ととしたが、Dが株主総会を紛糾させないよう、K銀行ではなく、
K銀行の子会社であるM社に定期購読させることとした。

・解説と解答・

1) 抵触しない。従業員持株会に対し会社が福利厚生の一環として支出する奨
励金が無償の供与ではあっても、その金額・議決権行使の方法等から会社
法120条１項の「株主等の権利の行使に関する利益の供与」ではないと認
められる場合は、株主の権利の行使に関する利益供与の禁止には抵触しな
いものと考えられる。

2) 抵触する。株主の権利の行使に関する利益供与の禁止に関する規定は、上
場会社における「総会屋」への利益供与の根絶を図ることを直接の目的と
して設けられたものではあるが、利益供与の相手方がいわゆる総会屋であ
る場合のみを規制の対象とするものではない。会社法120条１項は、「何人

に対しても」、株主の権利の行使に関し財産上の利益を供与することを禁止している。

3）抵触する。株式会社は、何人に対しても、株主の権利の行使に関し、当該株式会社またはその子会社の計算において、財産上の利益の供与をしてはならない（会社法120条1項）。また、株式会社が特定の株主に対して無償で財産上の利益の供与をしたときは、当該株式会社は、株主の権利の行使に関し財産上の利益の供与をしたものと推定され、有償で財産上の利益を供与した場合、当該株式会社またはその子会社の得た利益が当該財産上の利益に比して著しく少ないときであっても、同様であるとされている（同条2項）。なお、対価が相当なものである場合は、このような「推定」は受けないものの、商品の購入により売主である株主には一定の利益がもたらされるから、株主の権利の行使に関して行われるものであることが立証されれば、株主に対する違法な利益供与に該当しうる。この点に関しては、K銀行に損害が生じたか否かは問題とならない。

4）抵触する。子会社の計算においてする財産上の利益の供与も、株主に対する違法な利益供与に該当する。3）の解説参照。

正解 1）

5−10 公務員への賄賂の供与・過剰接待

《問》K銀行P支店は、E市の指定金融機関として、E市役所の財政課および出納課を通じて継続的にE市との取引を行っている。P支店またはその職員の次の行為のうち、公務員倫理等に照らして、最も適切なものはどれか。なお、E市は国家公務員倫理法および国家公務員倫理規程と同趣旨の条例を定め、E市の職員に対して遵守を求めている。また、本問において、E市職員とK銀行P支店の職員との間には私的な関係はないものとする。

1）E市役所出納課職員のAから住宅ローンの借入申込みがあったため、K銀行P支店は、通常と同様の手続により貸出審査を行い、金額、利率、期間など通常と同様の条件により、Aに対し住宅ローンを実行した。

2）K銀行P支店のE市役所担当者は、K銀行との取引を担当していたE市役所出納課の職員BがK銀行とはまったく接点のない部署に異動になってから1年を経過したころ、Bと費用を折半して温泉旅行に出かけ旧交を温めた。

3）E市役所財政課の職員Cの父親が亡くなったことから、K銀行P支店の職員数名がその通夜に参列し、社交上の儀礼の範囲内の金額でK銀行P支店の支店長名義の香典を供えた。

4）K銀行P支店の支店長と副支店長、E市役所の財政課長とその上司の4名で、ともに誘い合って、費用を各自で負担する私的な集まりということで、ゴルフに出かけた。

・解説と解答・

1）適切である。国家公務員が一般の利害関係者から金銭の貸付を受けることは、通常、一般的な金利を支払っても認められないのが原則である。これに対し、銀行などが国家公務員に対し業務として貸付を行う場合は、無利子や著しく利率の低いものを除き、許容される（国家公務員倫理規程3条1項2号括弧書）。

2）不適切である。国家公務員倫理規程は、国家公務員が自己の費用を負担した場合でも、「利害関係者と共に旅行をすること」を原則として禁じている（同規程3条1項8号。ただし、公務のための旅行は除かれる）。公務

員にとって、原則過去3年間についていた官職の利害関係者は、現在の利害関係者とみなされる（同規程2条2項）ため、K銀行とはまったく接点のない部署に異動になってから1年を経過していたとしても、依然として問題がある。なお、国家公務員倫理規程やこれと同様の条例等は、公務員に向けられたものであって、K銀行やその役職員は、それらの規定の適用対象とされているわけではないが、公務員にとってそれらの規定に違反する行為にK銀行が関与することは、企業倫理などに照らし、コンプライアンス上、好ましくない。

3）不適切である。国家公務員倫理法に基づく政令である国家公務員倫理規程は、国家公務員が利害関係者から金銭、物品または不動産の贈与を受けることを禁じている。これらの贈与には、餞別、祝儀、香典または供花などの名目によるものなども含まれる（同規程3条1項1号）。ここでいう「利害関係者」は、国家公務員の職務遂行によって直接に利益または不利益を受ける者であり、当該公務員がその事務に携わる行政権限の相手方および契約の相手方をいい（同規程2条1項、国家公務員倫理規程解説「2 利害関係者」1(2)）、本設問のK銀行P支店やその役職員は、これに該当する。したがって、社交上の儀礼として認められる程度のものであったとしても、Cは香典を受け取ってはならない。

4）不適切である。国家公務員規程において国家公務員は、自ら費用を負担する場合でも、「利害関係者と共に遊技又はゴルフをすること」が禁じられている（同規程3条1項7号）。

正解 1）

5－11　金融庁検査①

《問》K銀行に対する金融庁の立入検査（金融庁検査）に関する次の記述のうち、最も不適切なものはどれか。

1）検査官が正当に立入検査権を行使してK銀行の帳簿書類等を検査しようとする場合においては、K銀行は、その帳簿書類等に顧客情報が含まれているときであっても、顧客に対する守秘義務を理由にその検査を拒むことができない。

2）検査官は、K銀行に対する立入検査を行う場合において特に必要があると認めるときは、その必要の限度においてK銀行の子会社に対する立入検査を行うことができるが、当該子会社の役職員が検査を拒んでも、当該子会社の役職員に対して刑事罰が科されることはない。

3）検査官がK銀行に立入検査を行った場合において、K銀行の役員が検査妨害を行ったときは、当該役員のみならず、K銀行も刑事罰の対象となる。

4）検査官がK銀行に立入検査を行った場合、K銀行は、検査中の検査官からの質問や指摘の内容などの検査関係情報について、当局の事前の承諾を得ることなく、第三者に開示してはならない。

・解説と解答・

1）適切である。金融庁の立入検査（銀行法25条、59条1項）にあたっては銀行の承諾を要する一方、銀行には立入検査を受けることについての受忍義務があり、これを拒んだ場合は罰則の適用を受ける（同法63条3号）。銀行の金融庁検査に対する受忍義務は公権力の行使に対する公法上の義務であり、これに従う場合は、銀行の顧客に対する守秘義務は免除される。なお、検査官は、検査の実施にあたって知り得た秘密を漏らしてはならないとされ、また、金融機関の秘密事項および顧客のプライバシー等に係る情報の取扱いについては細心の注意を払うこととされている。

2）不適切である。検査官は、銀行に対する立入検査を行う場合において特に必要があると認められるときは、その必要の限度において、銀行の子会社等の施設への立入検査を行うことができる（銀行法25条2項）。子会社等に対する立入検査が行われた場合、子会社の役職員が検査拒否等を行った

ときには、罰則の適用がある（同法63条3号）。

3）適切である。検査官の質問に対する不答弁や虚偽答弁、検査拒否・妨害・忌避などの行為があった場合には、当該行為を行った者のみならず、両罰規定により金融機関も刑事罰の対象となる（銀行法63条3号、64条1項2号）。

4）適切である。「被検査金融機関やその取引先の権利、競争上の地位やその正当な利益を害するおそれがある」などの理由から、個別の金融機関に対する検査等の内容については、不開示とされている。加えて、検査中の検査官からの質問、指摘、要請その他検査官と被検査金融機関の役職員等との間のやりとりの内容（検査関係情報）は、「当局の問題意識や金融機関や取引先の極めて機微な情報」等を含むものであり、検査の実効性の確保等の観点から守秘義務の対象となる情報として取り扱われ、主任検査官は、原則として立入初日までに、被検査金融機関に対して、検査関係情報の内容について、当局の事前の承諾なく、第三者に開示してはならない旨を説明し、この旨の承諾を得るものとされている（「立入検査の基本的手続」4．(4)）。

正解　2）

5−12　金融庁検査②

《問》K銀行に対する金融庁の立入検査（金融庁検査）に関する次の記述
のうち、最も不適切なものはどれか。
1) 検査官は、立入検査に際してその身分を示す証明書を携帯しなけれ
ばならず、K銀行から求められた場合は、その身分証明書を提示し
なければならない。
2) K銀行の立入検査を行う場合において特に必要があると認めるとき
は、検査官はK銀行の子会社に対する立入検査を行うことはできる
が、K銀行から業務の委託を受けた者に対する立入検査を行うこと
はできない。
3) 検査官が立入検査権を行使してK銀行の帳簿書類などを検査しよう
とする場合、K銀行は、この立入検査権が正当に行使される限り、
その検査を拒むことは許されない。
4) 金融庁検査は犯罪捜査のために認められたものではないので、検査
官はK銀行の同意なしに書類および所持品を押収することはできな
い。

・解説と解答・

1) 適切である。金融検査にあたって、検査官は、その身分を示す証明書を携
帯し、関係人の請求があったときは、これを提示しなければならない（銀
行法25条3項）。
2) 不適切である。検査官は、銀行に対する立入検査を行う場合において特に
必要があると認めるときは、その必要の限度において、「銀行から業務の
委託を受けた者」（業務委託先）の施設への立入検査を行うことができる
（銀行法25条2項）。
3) 適切である。銀行には立入検査を受けることについての受忍義務があり、
これを拒んだ場合は罰則の対象となる（銀行法63条3号）。
4) 適切である。書類および所持品の押収のような強制捜査は、令状主義に基
づく厳格な手続に従って行われなければならない（憲法35条1項、刑事訴
訟法197条1項ただし書）。金融庁検査については、犯罪捜査のために認め
られたものと解してはならないと定められ、検査官に強制捜査の権限は与
えられていない（銀行法25条4項）。

正解　2)

5-13 当局に対する不祥事件発生の届出

《問》K銀行の国内支店において不祥事件が発生した場合の当局への届出
に関する次の記述のうち、最も不適切なものはどれか。
1) K銀行の支店において100万円以上の現金の過不足が発生した場
　合、過不足の規模や過不足が生じた業務の特性などにかかわらず、
　不祥事件として当局に届け出る必要がある。
2) K銀行の行職員が業務を遂行するに際して、出資法に違反する行為
　が発生した場合、不祥事件として当局に届け出る必要がある。
3) K銀行の行職員が業務を遂行するに際して、「預金等に係る不当契
　約の取締に関する法律」に違反する行為が発生した場合、不祥事件
　として当局に届け出る必要がある。
4) K銀行の業務の委託先において不祥事件が発生したことを知った場
　合、当該不祥事件がK銀行の委託業務に係るものでない場合は、当
　局への届出は必要ない。

・解説と解答・

1) 不適切である。現金、手形、小切手または有価証券その他有価物の紛失、
　盗難、過不足のうち、業務の特性、規模その他の事情を勘案し、これらの
　業務の管理上重大な紛失と認められるものが届出の対象となる（銀行法53
　条1項8号、同法施行規則35条1項38号、9項3号）。従前、届出の対象
　となる現金事故は「100万円以上」という金額基準があったが、2017年4
　月の改正で撤廃された。
2) 適切である（銀行法53条1項8号、同法施行規則35条1項38号、9項2
　号）。
3) 適切である（銀行法53条1項8号、同法施行規則35条1項38号、9項2
　号）。
4) 適切である。委託先の不祥事件のうち届出が必要とされるのは、当該銀行
　の委託業務に係る不祥事件である場合である（銀行法53条1項8号、同法
　施行規則35条1項38号）。

正解　1)

5−14　ディスクロージャー①（ディスクロージャー誌）

《問》銀行のディスクロージャー誌等に関する次の記述のうち、最も適切なものはどれか。なお、ここでいうディスクロージャー誌とは、銀行の業務および財産の状況に関する説明書類をいうものとする。

1）銀行がディスクロージャー誌に記載すべき事項は法令によって定められており、記載すべき事項を記載せず、または虚偽の記載をして、公衆の縦覧に供した場合には、その行為者が罰せられるほか、銀行に対しても刑事罰が科される。

2）銀行のディスクロージャー誌には、銀行単体の業務および財産の状況に関する事項を記載することが義務づけられており、銀行の子会社まで含めたいわゆる連結での業務および財産の状況を記載することまでは義務づけられていない。

3）銀行のディスクロージャー誌は営業所に備え置き、公衆の縦覧に供しなければならないとされており、電磁的記録で作成することは認められていない。

4）東京証券取引所のコーポレートガバナンス・コードにおいて日本の上場会社の情報開示は、計表等の財務情報のみならず、ガバナンスや社会・環境問題に関する事項（いわゆるESG要素）などについて説明等を行う非財務情報についても、様式や作成要領などが詳細に定められており、比較可能性に優れているとしている。

・解説と解答・

1）適切である。銀行は、事業年度ごとにいわゆるディスクロージャー誌（当該事業年度および中間事業年度についてのもの）を作成して営業所に備え置き、公衆の縦覧に供しなければならないとされ（銀行法21条1項、2項）、その記載事項は、銀行法施行規則に定められている（同法施行規則19条の2第1項、19条の3）。これに違反して、ディスクロージャー誌に記載すべき事項を記載せず、または虚偽の記載をして、公衆の縦覧に供した場合などには、行為者が罰せられるほか、銀行に対しても刑事罰が科される（同法63条1号の3、64条1項2号）。

2）不適切である。銀行が子会社等を有する場合には、銀行単体についてだけではなく、銀行と子会社等につき連結して記載したディスクロージャー誌

を銀行の営業所に備え置き、公衆の縦覧に供しなければならない（銀行法21条2項）。

3）不適切である。ディスクロージャー誌は電磁的記録をもって作成することができる（銀行法21条3項）。この場合、銀行店舗内に設置したパソコンなどの画面に情報内容を表示するか、印刷できるようにすることで、公衆の縦覧に供したものとみなされる（同法21条4項、同法施行規則19条の4第5項）。

4）不適切である。コーポレートガバナンス・コードの基本原則3では、上場会社に対して会社の財務情報および非財務情報の適切な開示を求めているが、同原則の「考え方」において、日本の上場会社の情報開示の現状は、計表等については、様式・作成要領などが詳細に定められており比較可能性に優れていると評価している一方で、ガバナンスや社会・環境問題に関する事項（いわゆる ESG 要素）などについて説明等を行う非財務情報については、ひな型的な記述や具体性を欠く記述となっており、付加価値に乏しい場合が少なくないとの指摘があるとしている。

<u>正解　1）</u>

5－15　ディスクロージャー②（開示書類の虚偽記載）

> 《問》X銀行では、法令に基づき企業内容の開示を行っているが、今般、
> 開示書類の重要な事項の一部に虚偽の記載があることが判明した。
> この場合において、次のうち最も適切なものはどれか。
>
> 1）有価証券届出書、有価証券報告書、半期報告書等の重要な事項に虚
> 偽の記載をした場合、これを提出した者に刑事罰が科されることが
> あるが、臨時報告書の場合には、あくまで臨時で出される開示書類
> のため、直ちに監督官庁に報告すれば罰則を科されることはない。
> 2）有価証券報告書の重要な事項に虚偽の記載を行った場合には、刑事
> 責任を問われたり、行政処分が行われることがあるが、民事責任を
> 問われることはない。
> 3）有価証券届出書や有価証券報告書は投資判断材料として基本的なも
> のであるため、その虚偽記載については、半期報告書や臨時報告書
> の場合よりも重い刑事罰が科せられている。
> 4）重要な事項に虚偽の記載がなされたX銀行の有価証券報告書は、取
> 締役Yが故意に作成し、内閣総理大臣に提出したものであった。取
> 締役Yが行った虚偽の記載は、ひとえにX銀行のために行ったこと
> であるため、金融商品取引法上、X銀行に刑事罰が科されることは
> あっても、取締役Y個人に刑事罰が科されることはない。

・解説と解答・

1）不適切である。臨時報告書であっても重要な事項につき虚偽の記載がある
ものを提出した者には、5年以下の懲役もしくは500万円以下の罰金、ま
たはこれが併科される（金融商品取引法197条の2第6号、24条の5）。法
人は5億円以下の罰金が科される（同法207条1項2号）。

2）不適切である。有価証券報告書のうち重要な事項について虚偽の記載があ
る場合には、有価証券報告書を提出した会社の提出時の役員および監査証
明を行った公認会計士等は、当該記載が虚偽であり、または欠けているこ
とを知らないで、当該有価証券報告書の提出会社の発行する有価証券を取
得した者に対し、虚偽記載等により生じた損害を賠償する責任を負う（金
融商品取引法24条の4、22条、21条1項1号、3号）。

3）適切である。①有価証券届出書や有価証券報告書等の虚偽記載に対して

は、10年以下の懲役もしくは1,000万円以下の罰金、またはこれが併科され（金融商品取引法197条１項１号、５条、24条）、②半期報告書や臨時報告書等虚偽記載の場合には、５年以下の懲役もしくは500万円以下の罰金、またはこれが併科される（同法197条の２第６号、24条の５）。法人は、①の場合には７億円以下の罰金が科され（同法207条１項１号）、②の場合には５億円以下の罰金が科される（同法207条１項２号）。

4）不適切である。取締役Ｙには有価証券報告書の虚偽記載として、10年以下の懲役もしくは1,000万円以下の罰金、またはこれが併科される（金融商品取引法197条１項１号）。法人は７億円以下の罰金が科される（同法207条１項１号）。

正解　3）

5 −16　システムリスクへの対応、サイバーセキュリティ

《問》金融機関のシステムリスクへの対応、サイバーセキュリティ等に関
する次の記述のうち、最も不適切なものはどれか。
1 ）銀行のシステムリスク管理部門は、顧客チャネルの多様化による大
量取引の発生や、ネットワークの拡充によるシステム障害等の影響
の複雑化・広範化など、外部環境の変化によりリスクが多様化して
いることを踏まえ、定期的にまたは適時にリスクを認識・評価する
ことが求められている。
2 ）インターネットバンキングに適用される暗号技術のうち、トランザ
クション認証方式とは、送信者が受信者の公開鍵で暗号化し、受信
者は受信者だけが有している秘密鍵で復号化することで通信データ
の真正性や送受信者の正当性の確認を行う方式である。
3 ）近年、本人確認において、生体認証と呼ばれる指紋・指静脈・声
紋・虹彩等の個人特有の身体的特徴を利用する技術も導入されてい
る。
4 ）全国銀行協会は、預金者の口座情報等を不正に入手した悪意のある
第三者が、銀行口座と連携して利用する決済サービスを提供してい
る事業者（資金移動業者等）を通じて、銀行口座から不正な出金を
行う事案が複数発生したことを契機として、各銀行が資金移動業者
等と連携して決済サービスを提供するに際しての考え方や例示等を
まとめたガイドラインを策定している。

・解説と解答・

　金融庁は、監督指針において、「システムリスク」とは、コンピュータシス
テムのダウンまたは誤作動等のシステムの不備等に伴い、顧客や銀行が損失を
被るリスクやコンピュータが不正に使用されることにより顧客や銀行が損失を
被るリスクをいうとしている。また、銀行の経営再編に伴うシステム統合や新
商品・サービスの拡大等に伴い、銀行の情報システムは一段と高度化・複雑化
し、さらにコンピュータのネットワーク化の拡大に伴い、重要情報に対する不
正なアクセス、漏えい等のリスクが大きくなっているとし、システムが安全か
つ安定的に稼動することは決済システムおよび銀行に対する信頼性を確保する
ための大前提であり、システムリスク管理態勢の充実強化は極めて重要である

としている（主要行等向けの総合的な監督指針Ⅲ－3－7－1－1、中小・地域金融機関向けの総合的な監督指針Ⅲ－3－4－1－1）。

1）適切である（主要行等向けの総合的な監督指針Ⅲ－3－7－1－2(3)①、中小・地域金融機関向けの総合的な監督指針Ⅱ－3－4－1－2(3)①）。

2）不適切である。選択肢の内容は、トランザクション認証方式ではなく、公開鍵暗号方式の説明である。トランザクション認証とは、都度指定方式による振込・振替、総合振込、給与・賞与振込、税金・各種料金の払込みや利用者の追加・権限変更といった重要な取引を行う際に、従来の認証項目に加え、専用の「カメラ付きハードトークン」（※トークンとは、認証デバイスのこと）を使用し、画面上に表示される二次元コードを読み取ることで、当該トークンに表示されるワンタイムパスワード（トランザクション認証番号）を入力することにより認証を行うサービスである。ワンタイムパスワードを利用する方式としては、「ソフトウェアトークン」、「取引に利用するパソコンのブラウザとは異なる携帯電話等の機器への電子メール通知」などがある。

3）適切である。生体認証には、他にも掌紋、耳形（耳介）、耳音響、眼球血管による認証方式がある、

4）適切である。全国銀行協会は、「資金移動業者等との口座連携に関するガイドライン」を、2020年11月30日に制定しており、策定の契機となった不正事案への対策の他、各銀行が資金移動業者等と連携して決済サービスを提供するに際して、銀行側が行う対策を中心に記載している。

正解　2）

2024年度　金融業務能力検定・サステナビリティ検定

等級	試験種目		受験予約 開始日	配信開始日 （通年実施）	受験手数料 （税込）
IV	金融業務4級　実務コース		受付中	配信中	4,400 円
III	金融業務3級　預金コース		受付中	配信中	5,500 円
	金融業務3級　融資コース		受付中	配信中	5,500 円
	金融業務3級　法務コース		受付中	配信中	5,500 円
	金融業務3級　財務コース		受付中	配信中	5,500 円
	金融業務3級　税務コース		受付中	配信中	5,500 円
	金融業務3級　事業性評価コース		受付中	配信中	5,500 円
	金融業務3級　事業承継・M＆Aコース		受付中	配信中	5,500 円
	金融業務3級　リース取引コース		受付中	配信中	5,500 円
	金融業務3級　DX（デジタルトランスフォーメーション）コース		受付中	配信中	5,500 円
	金融業務3級　シニアライフ・相続コース		受付中	配信中	5,500 円
	金融業務3級　個人型DC（iDeCo）コース		受付中	配信中	5,500 円
	金融業務3級　シニア対応銀行実務コース		受付中	配信中	5,500 円
	金融業務3級　顧客本位の業務運営コース		－	上期配信	5,500 円
II	金融業務2級　預金コース		受付中	配信中	7,700 円
	金融業務2級　融資コース		受付中	配信中	7,700 円
	金融業務2級　法務コース		受付中	配信中	7,700 円
	金融業務2級　財務コース		受付中	配信中	7,700 円
	金融業務2級　税務コース		受付中	配信中	7,700 円
	金融業務2級　事業再生コース		受付中	配信中	11,000 円
	金融業務2級　事業承継・M＆Aコース		受付中	配信中	7,700 円
	金融業務2級　資産承継コース		受付中	配信中	7,700 円
	金融業務2級　ポートフォリオ・コンサルティングコース		受付中	配信中	7,700 円
	DCプランナー2級		受付中	配信中	7,700 円
I	DCプランナー1級（※）	A分野（年金・退職給付制度等）	受付中	配信中	5,500 円
		B分野（確定拠出年金制度）	受付中	配信中	5,500 円
		C分野（老後資産形成マネジメント）	受付中	配信中	5,500 円
－	コンプライアンス・オフィサー・銀行コース		受付中	配信中	5,500 円
	コンプライアンス・オフィサー・生命保険コース		受付中	配信中	5,500 円
	個人情報保護オフィサー・銀行コース		受付中	配信中	5,500 円
	個人情報保護オフィサー・生命保険コース		受付中	配信中	5,500 円
	マイナンバー保護オフィサー		受付中	配信中	5,500 円
	AML／CFTスタンダードコース		受付中	配信中	5,500 円
	SDGs・ESGベーシック		受付中	配信中	4,400 円
	サステナビリティ・オフィサー		受付中	配信中	6,050 円

※　DCプランナー1級は、A分野・B分野・C分野の3つの試験すべてに合格した時点で、DCプランナー1級の合格者となります。

2024年度版
コンプライアンス・オフィサー・銀行コース試験問題集

2024年3月13日　第1刷発行

編　者　一般社団法人　金融財政事情研究会
検定センター
発行者　　　　　　　　　　加藤　一浩

〒160-8519　東京都新宿区南元町19
発 行 所　一般社団法人 金融財政事情研究会
販 売 受 付　TEL 03(3358)2891　FAX 03(3358)0037
URL https://www.kinzai.jp

本書の内容に関するお問合せは、書籍名およびご連絡先を明記のうえ、
FAXでお願いいたします。　　お問合せ先　FAX　03(3359)3343
本書に訂正等がある場合には、下記ウェブサイトに掲載いたします。
https://www.kinzai.jp/seigo/

Ⓒ 2024　KINZAI　　　　　　　　　　印刷：三松堂株式会社

ISBN978-4-322-14417-8